나는 진짜 **돈이 되는**

역세권
아파트에
투자한다

나는 진짜 돈이 되는 역세권 아파트에 투자한다

철도 호재 지역 분석과 실전 부동산 매매 팁까지

박희용(부동산히어로) 지음

경이로움

나만의 확실한
투자 기준을 세워라

최근 급변하는 부동산 시장을 보면서 무엇을 느꼈는가? 사람마다 느낀 바가 다를 것이다. 시장을 꾸준히 분석해 수익과 함께 소중한 경험을 쌓은 사람도 있을 것이고, 그저 감각과 운으로 우연히 이익을 본 사람도 있을 것이다. 반대로 분위기에 휩쓸려 손해만 보고 아무것도 얻지 못한 사람도 있을 것이다. 결과야 어떻든 앞으로는 다른 사람의 말만 듣고 운에 의지하는 부동산 투자는 실패할 가능성이 크다. 넘쳐나는 정보로 시장은 더욱 급변할 것이고, 때로는 대비할 틈도 없이 시장 흐름이 바뀌어 낭패를 볼 수도 있다. 그러므로 부동산 투자 전에는 반드시 철저한 준비가 필요하다.

그렇다면 무엇에 기준을 두고 철저하게 준비를 해나가야 할까?

우리나라의 경제 수준과 향후 개발 방향을 보면 답이 나온다. 그 대상은 바로 '철도'다. 현재 서울 및 수도권을 중심으로 많은 철도 개발이 진행되고 있다. 그런데 단순히 계획이 발표되었다는 이유로 그 자체를 호재로 오인하는 사람이 너무나 많다. 참으로 안타까운 일이다. 향후 집값을 견인하는 진짜 호재가 될 노선이 있는 반면, 해당 주민들의 애만 태우며 오랜 기간 아무런 진전 없이 표류할 노선도 있다. 그러나 진짜 호재인지를 판단하기 위해서 무엇에 기준을 두고 이 둘을 구분해야 하는지 알지 못한다. 따라서 필자는 누구나 돈이 될 노선을 명확하게 구분할 수 있도록 확실한 기준과 판단 방법을 이 책에 상세히 설명했다.

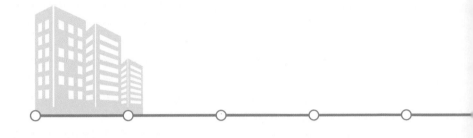

일반인의 부동산 투자는 대단한 지식을 요구하지 않는다. 꼭 필요한 공부는 하되, 나만의 기준을 확실히 정하고 되도록 빨리 결정을 내려 행동으로 옮겨야 한다. 앞으로 우리가 경험하게 될 부동산 시장은 상승장이든, 하락장이든 큰 폭으로 빨리 변할 것이기 때문이다. 이에 필자는 급변하는 부동산 시장에서 탄력적으로 대응할 수 있도록 무엇에 기준을 두고 투자 대상을 선택해야 하는지 이 책에 친절하게 설명해놓았다. 또한 부동산 시장을 읽는 핵심 방법부터 실전에서 사고파는 전략, 대출 활용법, 세금 관련 내용 등을 하나의 흐름으로 함께 풀어놓았다. 반복해서 읽어둔다면 급변하는 부동산 시장에서 나만의 투자 기준을 정하는 데 분명 큰 도움이 될 것이다.

　　　　　　　　나는 진짜 돈이 되는 역세권 아파트에 투자한다

이 책의 내용을 어떻게 자신의 상황에 대입해 효과를 극대화할지는 여러분 자신의 몫이다. 부디 이 책이 독자 여러분이 보다 나은 미래를 준비하는 데 충분한 밑거름이 되길 간절히 바란다. 마지막으로, 이 책의 내용은 2024년 1월 기준으로 집필한 것이니 참고하기 바란다.

부동산히어로
박희용

목차

 PART 1 앞으로의 부동산 시장, 왜 철도인가?

PART 2

돈이 되는 철도는 따로 있다. 진짜 호재 vs. 가짜 호재

CHAPTER 3 많은 주의와 확인이 필요한 미확정 노선

PART 3 급변하는 부동산 시장에 대비하는 체력 키우기

CHAPTER 3 대출, 제대로 알아보고 제대로 활용하자

CHAPTER 4 부동산 투자 수익 극대화? 이제부터는 세금이다

CHAPTER 5 부동산 세법, 제대로 알아야 수익률이 올라간다

PART 1

앞으로의 부동산 시장,
왜 철도인가?

왜 철도에
주목해야 하는가?

 **철도 개발이
유난히 많은 이유**

지금 이 순간에도 전국에는 크고 작은 개발이 진행되고 있고, 앞으로도 많은 개발이 진행될 것이다. 그중 대부분은 서울 및 수도권에 집중되어 있다. 그리고 군이 데이터를 확인하지 않더라도 대략 2000년부터 현재까지 진행된 개발 내용을 생각해 보면 도로 개발보다는 신규 택지 및 철도 개발이 압도적으로 많았으며, 택지 개발도 택지 단독으로 진행하기보다 신설 철도 노선과 연관된 개발이 대부분이었다.

이는 무엇을 의미하는 것일까? 서울 및 수도권에는 필요한 도로가 이미 대부분 개설되었기 때문이기도 하지만, 우리나라처럼 수도권 인구밀집도가 높고 경제 성장이 고도화된 나라에서는 교통 상황에 따라 변수가 많은 도로보다는, 예정된 시간 내에 목적지까지 안전하게 도달할 수 있는 철도 개발이 더욱 필요하기 때문이다. 조금 더 구체적으로 설명하면, 도로 개발이 한창이던 1990년대 이전에는 오직 먹고사는 문제를 고민했지만, 철도는 단순히 먹고사는 문제를 해결하는 것을 넘어 경제 수준에 맞는 편리하고 안정적인 삶을 살 수 있도록 도와주는 교통수단이라는 것이다.

따라서 앞으로도 철도 개발에 더 많은 예산과 관심이 집중될 수밖에 없고, 철도를 이용해 서울 업무 중심지로 얼마나 빨리 이동하느냐에 따라 주변 집값도 상당한 영향을 받을 것이다.

 ## 철도 개발의 본격적인 시작을 알리는 국가철도망구축계획

우리나라의 현재와 미래 철도 개발의 발전 방향을 한눈에 볼 수 있는 '국가철도망구축계획'이라는 것이 있다. 이는 10년 단위로 계획하며, 5년마다 각 사업의 타당성 여부를 재검토해 계획을 변경한다. 2021년에 4차 계획까지 발표되었고, 2025년까지 4차 계획에 따라 철도 개발이 진행된다.

그렇다면 국가철도망구축계획에는 어떤 내용이 담겨 있을까? 각

나는 진짜 돈이 되는 역세권 아파트에 투자한다

노선에 대한 일반적인 개요부터 구체적인 자금 조달 방안, 주변 환경의 특성을 고려한 정밀한 개발 방안 등이 종합적으로 담겨 있다. 우리나라에서 진행하는 모든 철도 개발 사업은 일단 국가철도망구축계획에 포함되어야 경제성 여부를 평가받을 수 있고, 경제성이 있다는 결론을 얻어야 비로소 실현될 수 있다. 모든 철도 노선의 출발점이 되는 만큼 가장 기본적이면서도 중요한 계획이라고 볼 수 있다.

 ## 향후 철도 개발 방향은?

국가철도망구축계획이 기본적이면서도 중요한 계획이라면, 주된 내용을 살펴보면 뚜렷한 개발 방향을 알 수 있지 않을까? 각 차수별로 내용을 간단히 살펴보자.

우선 1차 계획은 우리나라 일부 지역에만 있던 선로를 전국화하는 것에 중점을 두었다. 우리나라 전체가 유기적으로 발전하려면 예정된 시간 내에 각 도시를 이동할 수 있는 철도를 건설하는 것이 필요하다는 판단 때문이었다.

2차 계획은 전국화된 선로를 복선화 비율을 높여 보다 효율적인 이동 및 수송이 가능하도록 하는 것에 초점을 맞추었다. 선로가 복선화되면 상하행 열차가 서로 간섭받지 않고 각자의 속도를 유지할 수 있기 때문이다.

3차 계획부터는 단순히 이동 속도만 높이는 것이 아니라 효율성까지 고려했다. 기존 복선 선로를 이용하면 1시간 이상 소요되던 수도권 출퇴근 시간을 30분 이내로 단축함과 동시에 이동 간에 안전하고 편리한 환경이 될 수 있도록 복합환승센터 같은 편의시설 조성에 중점을 두었다.

현재 시행되고 있는 4차 계획은 3차 계획의 내용을 더욱 구체화하고 전국적으로 확대했다. 따라서 4차 국가철도망구축계획에 포함된 여러 노선 중에서도 이동 거리 단축과 경제 수준에 맞는 삶의 질을 충족할 수 있는 GTX를 비롯한 고속전철 노선이 중심이 될 것이다. 다른 노선보다 사업 진행 속도가 빠를 것이고, 더 많은 예산이 투입될 것이다.

신설 철도 계획은
어떻게 진행되나?

신설 철도 계획이 발표되면 각종 언론은 곧 획기적인 변화가 생길 것처럼 대대적으로 보도한다. 하지만 계획 발표부터 실제 개통까지는 생각보다 많은 시간이 필요하다. 도대체 어떤 과정을 거치며, 도중에 무슨 일이 벌어지기에 그렇게 많은 시간이 필요한 것일까?

그 과정을 간단히 살펴보면 다음과 같다. 지방자치단체(줄여서 '지자체'라고 하며, 이후부터는 편의상 '지자체'로 통일하니 참고 바란다.)에서 해당 노선의 필요성을 논의한 뒤 사전타당성조사를 거쳐 해당 노선 계획을 국가철도망구축계획에 포함시킨다. 이후 지자체 간 협의를 거쳐 예비타당성조사 대상에 선정되면 본격적으로 예비타당성조사를 통해 경제성을 판단한다. 예비타당성조사 결과 경제성이 충분히 있다고 판단되면 기본계획을 수립하고, 기본계획이 수립되는 대로 본격적인 착공에 들어간다. 그리고 훗날 개통이 되는 과정을 거친다.

자, 그럼 지금부터 각 주요 진행 단계는 어떤 의미와 특징이 있는지 하나하나 자세히 살펴보자.

신설 철도
주요 진행 단계

① 사전타당성조사

사전타당성조사란, 본격적으로 사업을 추진하기 위해 해당 지자체에서 본 예비타당성조사 신청을 앞두고 경제성을 평가해 B/C값을 산출하는 과정이다. 이는 해당 노선이 반드시 필요하다고 주장하는 지자체에서 실시한다.

B/C값이란, 들어간 비용(Cost) 대비 이익(Benefit)이 얼마나 발생할 것인가를 나타내는 지표로, 값이 1이 넘는다면 들어간 비용 대비 이익이 더 많이 발생할 것을 예상할 수 있다. 즉 경제성이 있는 것으로 판단한다는 뜻이다.

사전타당성조사 결과는 객관적인 근거를 통해 산출된 값이므로, 향후 해당 노선이 국가철도망구축계획에 포함되어 본 예비타당성조사 대상이 될 수 있는 기초 자료가 된다. 해당 지자체가 본격적으로 사전타당성조사에 착수하면 보통 6개월에서 1년 이내에 결과가 나온다.

나는 진짜 돈이 되는 역세권 아파트에 투자한다

② 예비타당성조사

사전타당성조사를 거쳐 국가철도망구축계획에 포함되면 해당 노선은 예비타당성조사를 통해 경제성을 심도 있게 평가받게 된다. 전체 사업비가 500억 원 이상이거나 국가 재정이 300억 원 이상 투입될 때는 의무적으로 예비타당성조사를 받아야 한다. 그러나 전철역 하나만 건설하는 데도 100억 원이 훌쩍 넘는 것을 생각하면, 사실상 대부분의 신설 노선은 예비타당성조사를 통해 경제성을 인정받아야 한다고 볼 수 있다.

각 지자체에서 실시하는 사전타당성조사보다 훨씬 꼼꼼하고 체계적으로 평가하기 때문에 사전타당성조사 결과보다 B/C값이 다소 보수적으로 산출되는 경향이 있다. 실제로 사전타당성조사에서 경제성이 있는 것으로 평가받았지만, 정작 예비타당성조사에서 필요한 B/C값을 확보하지 못해 장기 표류하는 노선도 많다.

예비타당성조사를 통과한 노선은 경제성이 있다는 사실을 공식적으로 인정받은 것이므로 사업 확정으로 연결된다. 그러나 예비타당성조사를 통과하지 못한 노선은 노선을 수정하거나 사업비를 조정해 다시 국가철도망구축계획에 포함되어 경제성을 평가받는 과정을 끊임없이 반복해야 한다.

따라서 신설 철도 계획 단계 중에서 가장 중요한 단계라 볼 수 있으며, 가장 많은 시간이 소요되는 단계이기도 하다. 간혹 경제성이 부족하더라도 지역 균형 발전에 필요하다는 이유 등으로 예비타당성조사 과정을 면제해주기도 하는데, 사실 그런 경우는 흔치 않다.

③ 기본계획수립

예비타당성조사를 통과하고 사업이 확정되면 그때부터 기본계획을 수립한다. 이 단계에서는 구체적인 사업비 집행 및 개통 후 운영 방식에 대한 계획을 세우고, 전체 노선 중에서 각 구간의 개발을 담당할 주체를 선정한다.

국토교통부에서 담당하는 재정구간을 제외한 나머지 민자구간을 담당할 사업시행사도 이 단계에서 결정된다. 일반적으로 기본계획수립 단계는 1~2년 정도의 시간이 소요된다. 신설 철도 계획의 전체 프로세스를 생각한다면 기본계획수립 기간은 비교적 짧은 편이다.

④ 착공 및 개통

착공은 실제 공사를 시작하는 것을 말한다. 착공 및 진행 과정이 눈에 보이면 개통까지 순조롭게 진행될 것이라 생각할 수 있는데, 착공 이후에 공사가 중단되고 상당 기간 답보 상태에 빠져 있는 경우도 많으므로 절대 안심해서는 안 된다.

실제 착공에 착수한 노선을 답보 상태에 빠지게 하는 원인은 매우 다양하다. 문화재가 출토되어 문화재청과 협의를 진행해야 하거나 선로의 위치 및 통과 방식 등에 대한 해당 주민의 민원이 대표적이다. 땅꺼짐(싱크홀) 현상이 발생해 공사가 중단되는 경우도 있고, 특정 구간만 공정률이 현저히 떨어져 노선 전체의 개통을 지연시키는 경우도 있다.

착공 시점부터 실제 개통이 되기까지 필요한 시간도 천차만별이다. 경전철 노선은 4년 내외 정도의 시간이 필요하다. 대표적인 노선으로는 의정부 경전철, 용인 에버라인, 서울 경전철인 동북선, 신림선 등이 있다. 그리고 일반전철 노선은 4~8년 정도 소요된다. 출퇴근할 때마다 우리의 발이 되어주는 서울 1~9호선 등이 좋은 예다. 고도의 공법이 필요한 노선은 8년 이상의 시간이 필요하다. GTX, 신분당선, 월곶판교선 등이 좋은 예다.

 ## 사업이 확정되면
계획이 변경되는 경우는 없나?

예비타당성조사를 통과하고 기본계획수립을 마쳤다면 계획이 변경되는 경우는 없을까? 결론부터 말하면, 있다! 그것도 매우 빈번하게 말이다.

　가장 보편적인 경우는 추가 정차역 설치다. 다만 기본계획수립 이후에 추가로 정차역을 설치하려면 몇 가지 조건을 충족해야 한다. 우선, 해당 노선의 본질을 훼손하지 않아야 한다. 예를 들어, GTX는 비교적 긴 구간을 빠르게 이동해 효율성을 극대화하는 것이 본질인데 중간에 정차역을 무분별하게 추가하면 본질을 훼손하는 것은 물론, 자칫하다가는 그저 그런 완행노선이 될 수도 있다. 그리고 추가 정차역 설치에 필요한 사업비는 대부분 민간사업자가 충당한다. 따라서 전체 구간 중 국토교통부에서 담당하는 재정구간보다는 민간사업자가 담당하는 민자구간에 정차역이 추가될 가능성이 크다.

　만약 정차역 추가 또는 다른 여러 가지 이유로 사업비가 15% 이상 증가하면 현재 진행하고 있는 과정을 멈춘 뒤 사업비를 늘리면서까지 변경안을 받아들일 필요가 있는지 적정성을 검토한다. 적정성 검토 결과 부적합하다고 판단되면 계획을 다시 수정한다. 이때 다행히 적합하다는 결론이 나와도 사업이 상당 기간 지체되는 결과를 초래한다.

지금까지 설명한 내용을 정리하면 다음과 같다. 착공을 한 이후에도 사업비 증가로 개통 지연이 발생할 수 있다. 그리고 사업이 확정된 노선은 정차역이 추가될 수는 있어도, 확정된 정차역이 이동하거나 없어지는 경우는 없다. 따라서 계획이 발표되었다고 해서 무조건 투자 대상이 되는 것이 아니라, 확정된 노선의 정차역 주변 역세권 아파트가 투자 대상이 되는 것이다.

나는 진짜 돈이 되는 역세권 아파트에 투자한다

노선에 따라
핵심 수혜 지역이 다르다?

아무것도 없었던 우리 집 앞에 신설 철도 노선 계획이 발표되면 어떤 기분이 들 것 같은가? 분명 대부분의 사람이 환호성을 지를 것이다. 그렇다. 그 계획 자체가 호재인 것은 분명하다. 그러나 노선의 종류와 특징, 개발 방식에 따라 조금 다른 방식으로 접근해야 핵심 수혜 지역과 상대적으로 수혜를 덜 입을 지역을 구분하고, 나아가 투자 효율을 높일 수 있다. 그렇다면 어떤 기준을 두고 판단해야 할까? 세부적으로 하나씩 짚어보자.

노선의 종류
(고속전철 vs. 일반전철)

현재 개통 및 계획 단계에 있는 모든 철도 노선은 고속전철과 일반전철로 구분할 수 있다. 지금부터 이 둘의 차이를 자세히 알아보도록 하자.

먼저 고속전철은 먼 거리를 빠르게 이동하는 것이 핵심이다. 따라서 전체 노선의 길이가 일반전철에 비해 길고, 정차역 수가 적다.

반면 일반전철은 가까운 거리를 쉽고 간편하게 이동하는 것이 핵심이다. 따라서 전체 노선의 길이가 고속전철에 비해 짧고, 정차역 수가 상대적으로 많다.

그렇다면 어느 지역이 더 많은 수혜를 입게 될까? 고속전철은 빠르게 이동하는 것이 큰 이점이 없는 서울 도심 또는 도심과 가까운 지역보다 그동안 서울 도심까지 접근하려면 상대적으로 많은 시간이 필요했던 노선의 끝 지역이 더 많은 수혜를 입는다.

일반전철은 그와 반대로 생각하면 된다. 일반전철은 가까운 거리를 쉽고 간편하게 이동하는 것이 핵심이다. 따라서 서울 도심 또는 도심과 가까운 지역이 더 많은 수혜를 입고, 도심에서 멀어질수록 가치가 점점 낮아진다.

대표적인 고속전철로는 각 GTX 노선, 월곶판교선 등이 있으며, 대표적인 일반전철로는 서울 1~9호선 등이 있다.

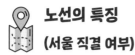

노선의 특징
(서울 직결 여부)

이번에는 노선의 특징에 따라 구분해 보자. 서울 및 수도권에서 개발이 진행 중인 철도 노선은 크게 서울 직결노선과 그렇지 않은 노선으로 구분할 수 있다. 서울 직결노선이란, 서울의 업무 중심지라 할 수 있는 강남 또는 여의도가 종점이거나 경유하는 노선을 말한다. 반면 그렇지 않은 노선은 말 그대로 해당 노선으로는 서울 접근이 불가능한 노선을 말한다.

그렇다면 어느 지역이 더 많은 수혜를 입게 될까? 서울 직결노선은 앞서 이야기한 고속전철과 일반전철의 차이점을 그대로 적용하면 된다. 서울과 직결된 고속전철이라면 상대적으로 서울 도심에서 먼 지역이, 서울과 직결된 일반전철이라면 상대적으로 서울 도심과 가까운 지역이 가장 먼저 수혜를 입는다.

만약 서울 직결노선이 아니라면 이때는 환승 효율이 중요하다. 서울 도심과의 거리, 고속 여부와 상관없이 해당 노선의 전체 정차역 중에서 1~2개 정거장 이동으로 서울 직결노선과 환승할 수 있는 정차역 주변이 가장 먼저 수혜를 입는다. 환승을 했음에도 서울 직결이 힘들다면 그 노선의 가치는 크지 않다. 서울 직결노선은 아니지만 환승을 통해 서울 접근성이 좋아지는 대표적인 노선으로는 동탄인덕원선, 월곶판교선 등이 있다.

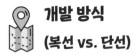

개발 방식
(복선 vs. 단선)

이번에는 개발 방식에 따라 노선을 구분해 보자. 전철노선은 개발 방식에 따라 복선 또는 단선으로 구분된다. 복선은 공사 비용 및 유지 비용은 상대적으로 많이 필요하지만 상행선과 하행선이 서로 다른 선로를 이용하고, 운행 시간이 겹치더라도 반대편 열차의 방해를 받지 않고 일정한 운행 간격을 유지할 수 있다는 장점이 있다. 반면 단선은 전반적인 비용은 적게 들지만 하나의 선로를 이용하기 때문에 상행선과 하행선이 서로 간섭을 받을 수 있다. 이는 출퇴근 시간에 열차 운행을 지연시키는 원인이 되기도 한다.

대부분의 노선이 처음에는 복선으로 계획된다. 그러나 해당 노선의 경제성을 평가하는 과정에서 경제성을 확보하기 힘들다는 판단이 들 때는 단선으로 변경해 전체 사업비를 줄이는 방식으로 부족한 경제성을 확보하기도 한다.

같은 노선에서 서울 도심 및 도심 인근 지역까지 연결된 본선은 복선으로, 상대적으로 이용 수요가 적은 경기도 외곽 연장선은 단선으로 운행되는 경우가 많다. 따라서 같은 노선이라도 복선으로 운행되는 구간이 단선으로 운행되는 구간보다 상대적으로 더 많은 수혜를 입는다. 대표적인 예는 7호선인데, 서울 구간은 복선으로, 포천연장선은 단선으로 계획되어 있다.

역세권 투자의
3가지 핵심 포인트

지금까지 이 책을 꼼꼼하게 읽었다면 부동산 투자를 위해서는 다른 요소보다 철도 개발을 우선적으로 생각해야 한다는 사실을 깨달았을 것이다. 또한 각 개발 진행 단계의 의미와 중요성은 물론, 각 노선의 특징에 따라 집중 수혜 지역과 그렇지 못한 지역을 구분하는 요령을 알게 되었을 것이다.

그렇다면 부동산은 대체 언제 사서 언제까지 보유해야 할까? 계획이 발표되면 서둘러 사고, 실제로 개통될 때까지 보유하면 되는 것일까? 그런데 하나의 전철노선이 개발될 것이라는 소문이 돌고 실제로 개통되기까지는 15년 이상의 긴 시간이 필요하다. 그 긴 시간 동안 많은 자금을 묶어두는 것은 결코 효율적이지 않다. 만약 하나의 전철노선이 개통되기까지 어느 시점을 주목해야 하는지, 그 시점 이후로 어떤 현상이 벌어지는지 알 수 있다면 짧은 시간에 긍정적인 결과를 내는 투자를 할 수 있을 것이다.

지금부터 설명할 내용은 필자가 이전에 출간한 책에 언급하기도 했고, 유튜브와 각종 인터뷰에서 수차례 강조하기도 했다. 그만큼 중요한 내용이므로 이 책에서 조금 더 심도 있게 다루고자 한다.

계획 확정, 착공, 개통 시점이 중요한 이유

이 3가지 포인트는 왜 중요한 것일까? 먼저 계획이 확정되는 시점이 중요한 이유는 그동안 해당 노선은 계획이 변경되거나 축소될 가능성이 얼마든지 있는 상황이었지만, 확정과 동시에 절대 변경되지 않는 상태가 되기 때문이다. 앞으로 해당 지역은 시간이 얼마나 걸릴지 알수 없을 뿐, 획기적인 변화를 보장받은 것이나 다름없다.

착공 시점은 어떨까? 직접 눈에 보이는 것만큼 큰 믿음을 주는 것은 없다. 실제로 땅을 파고 중장비가 오간다면 그것만큼 확실한 것이 있을까?

개통 시점은 자세한 설명이 필요하지 않다. 개통 시점이 다가올수록 시간 단축과 편리함에 대한 기대감이 생기고, 실제 전철을 타고 목적지까지 이동하면서 변화를 직접 느낄 수 있기 때문이다.

나는 진짜 돈이 되는 역세권 아파트에 투자한다

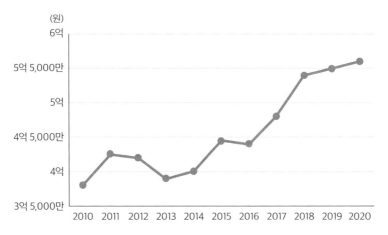

• 5호선 연장 하남선 역세권 아파트 가격 변동 추이 •

(원)

출처: 국토교통부 실거래가 공개시스템

실제 데이터를 통해 확인해 보자. 위 그래프는 2020년에 개통한 5호선 연장 하남선 역세권 아파트의 과거 10년간 가격 변동 추이를 나타낸 것이다. 본 사업은 사업 확정부터 실제 개통까지 9년 정도가 소요되었다.

그래프를 살펴보면 예비타당성조사를 통과하고 사업이 확정된 2011년을 기준으로 급격한 가격 상승이 있었으며, 이후 2~3년간 외부 요인의 영향으로 올랐던 가격이 조정을 받았다. 그러다가 본격적으로 공사를 시작한 2015년을 기준으로 조정받았던 가격이 회복되고 다시 한번 급격히 상승했다. 이후 약 1년 동안 보합 상태에 있다가 살아난 부동산 시장 분위기를 타고 가격이 꾸준히 상승했고, 상승세 이후 숨 고르기에 들어가야 할 시기임에도 개통을 1년 정도 앞둔 시점부터 완만한 상승세가 계속해서 이어졌다.

이 그래프를 통해 무엇을 알 수 있는가? 계획 확정, 착공, 개통 전후로 주변 아파트 가격이 자극받는다는 사실을 알 수 있다. 특히 3가지 포인트 전후로 부동산 시장 분위기가 좋지 않을 때는 분위기를 반전시키는 효과를, 부동산 시장 분위기가 좋을 때는 좋은 분위기를 계속해서 이어나가는 효과를 보였다. 그리고 각 포인트 사이에 발생하는 4~5년간의 공백기에는 외부 요인의 영향으로 올랐던 가격이 조정받을 수 있으므로 이에 대한 대비가 필요하다. 만약 목표수익률을 달성했다면 단기 매도를 준비하고, 장기 보유를 목표로 한다면 조정장에 대비해 추가 자금을 확보해둘 필요가 있다.

단 지금까지 설명한 내용을 그대로 적용하려면 2가지 조건이 충족되어야 한다. 첫째, 해당 노선은 반드시 그 지역의 서울 접근성을 획기적으로 개선하는 노선이어야 한다. 예를 들어, 고속전철이 예정된 경기도 외곽 지역, 일반전철이 예정된 서울 인근 지역, 서울 직결노선은 아니지만 환승 효율이 좋은 노선의 역세권 등이어야 한다. 서울 직결노선이라 하더라도 접근성이 떨어지는 노선이나 환승을 해도 서울 접근성이 좋지 않은 경기도 외곽 노선에 그대로 적용하기에는 무리가 있다는 점을 명심해야 한다.

둘째, 지금까지 설명한 내용은 아파트에만 적용된다. 오피스텔, 지식산업센터, 상가, 빌딩 등의 가격 변동과 연관 짓기에는 무리가 있다. 그 이유는 표본수가 부족하기 때문이다. 아파트의 특징이자 가장 큰 장점은 무엇인가? 거래가 빈번하고, 가격 변동 및 실거래가를 투명하게 알 수 있다는 점이다. 아파트는 통계 분석을 통해 주변 철도 개발이 해당 아파트 가격에 어떤 영향을 미치는지 확인할 수 있지만, 다른 부동산은 표본수가 적어 뚜렷한 연관성을 찾기 힘들다. 오피스텔, 지식산업센터, 상가 등을 분양할 때 홍보 전단지에 '역세권 프리미엄을 받아 가치 상승을 기대할 수 있다'라는 문구를 많이 사용하는데, 이 내용은 충분히 검증되지 않았으므로 절대 맹신해서는 안 된다.

PART 2

돈이 되는 철도는 따로 있다.
진짜 호재 vs. 가짜 호재

CHAPTER 1

앞으로 기회는 딱 한 번,
개통 또는 개통을 앞둔 노선

고속전철의 표본이 될
GTX-A노선

GTX-A노선은 수도권 서북부와 남부의 서울 접근성을 높이고, 대표적인 2기 신도시인 동탄신도시와 운정신도시의 광역교통 대책으로 도입하는 노선이다. 특히 2기 신도시 중에서도 서울 업무 중심지까지 물리적 거리가 먼 동탄신도시와 운정신도시 주민들이 30분대로 신속하고 편리하게 출퇴근할 수 있도록 도와주는 교통 혁명의 시작이라 할 수 있다. 2024년 상반기 개통을 앞두고 현재 막바지 공사를 하고 있으며, 고속전철의 표본이 될 노선인 만큼 많은 주목을 받고 있다.

GTX-A노선은 삼성역 복합환승센터 공사가 계획보다 늦어지면서 전체 노선의 개통 시점도 연기되는 것이 아닌가 하는 우려가 있었

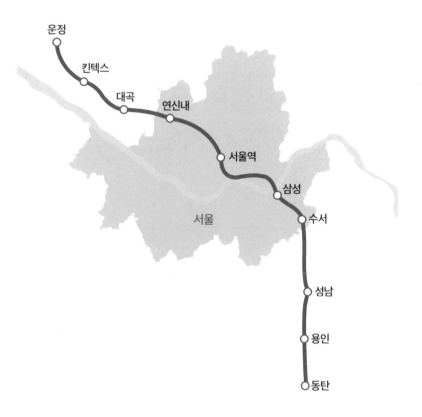

● 2024년 상반기에 개통 예정인 GTX-A노선 ●

운정
킨텍스
대곡
연신내
서울역
삼성
수서
서울
성남
용인
동탄

다. 그러나 일단 수서~동탄 구간과 운정~서울역 구간을 일부 노선이
라도 신속하게 개통하는 방향으로 가닥을 잡았다. 따라서 2024년 상
반기에 수서~동탄 구간을 먼저 개통하고, 2024년 중순 이후에 운정
~서울역 구간을 개통할 예정이다. 그리고 2025년 하반기에 삼성역을
무정차 통과하는 방식으로 GTX-A노선 전체를 정상 운행할 계획이
다. 이후 삼성역 복합환승센터 공사가 완료되는 대로 삼성역에도 정차
하면 비로소 완전체가 된 GTX-A노선을 이용할 수 있다. 현재 계획은

나는 진짜 돈이 되는 역세권 아파트에 투자한다

2028년이지만, 삼성역 정차 시점은 언제든 연기될 수 있다는 점을 염두에 두어야 한다.

거래량과 가격이 오른 화성시와 용인시

현재 부동산 시장 분위기가 특히나 좋은 곳은 GTX-A노선이 정차하는 화성시와 용인시다. 2022년 말을 최저점으로 2개월 정도 낙폭을 줄이더니 2023년 3월부터 일제히 반등하기 시작했고, 6월에는 거래량이 큰 폭으로 증가하며 상승 분위기를 이어갔다. 물론 절대적인 거래량은 예년과 비교했을 때 부족한 수준이지만, 거래량 상승을 동반한 반등이라는 점에서 주목할 필요가 있다.

본격적인 가격 상승 전환일까, 일시적인 반등일까?

그렇다면 상승 분위기가 앞으로도 쭉 이어질까? 현재 분위기를 두고 본격적인 상승 전환이냐, 일시적 반등이냐 의견이 엇갈리고 있다. 그러나 이런 의견 충돌은 경기 전환점에서 늘 있는 일이고, 그 누구도 정답은 알 수 없기에 크게 의미를 둘 필요가 없다. 예상은 누구나 할 수 있고, 투자는 각자의 기준에 따라 하는 것이기 때문이다. 다만 필자는 다음 3가지 이유에서 현재 가격 상승은 일시적이 아닌, 본격적인 상승 전환에 더욱 가깝다고 판단한다.

이유 ① 집값 폭락의 주된 원인이 사라졌다

이는 화성시와 용인시에만 해당하는 이야기가 아니다. 서울 및 수도권 전체에 공통으로 적용할 수 있는 사항이다. 바로 직전에 집값 폭락을 가져온 시점을 기억하는가? 집값이 하늘 높은 줄 모르고 계속해서 오르다 2022년 중반부터 기준금리가 단기간에 급격하게 상승하면서 거래량이 줄어들기 시작했다. 집값이 오를 대로 오른 상황에서 매도인과 매수인 간에 가격 합의가 이루어지지 않아 2개월 이상 거래절벽이 이어졌고, 윤석열 정부가 출범과 동시에 다주택자 양도소득세 중과를 유예하면서 시장에 매물이 쌓이기 시작했다.

팔려는 사람은 점점 많아지는데 사려는 사람은 없으니 거래가 이루어지지 않았고, 유예 기간 내에 집을 팔아야 하는 매도인은 계속해서 호가를 내렸다. 즉 집값 폭락의 주된 원인은 단기 금리 폭등과 양도소득세 중과 유예 때문이다. 그러나 지금은 기준금리 인상이 중단되었고, 양도소득세 중과는 사실상 폐지의 길을 걷고 있다. 주된 원인이 사라진 셈이다.

이유 ② 미래가치는 변하지 않았다

그동안 화성시와 용인시의 부동산이 유난히 낙폭이 컸던 이유는 투자자가 많이 진입했기 때문이다. 실거주자가 많은 지역은 부동산 시장 분위기가 아무리 좋지 않아도 당장 실거주하는 집을 던질 이유가 없으니 무리하게 호가를 내리지 않는다. 그러나 투자자가 많이 진입한 지역은 어쩔 수 없이 2년에 한 번 새로운 계약을 체결하거나 갱신해야 한다. 이런 상황에서 자금 조달이 힘들어지면 미래가치와 상관없이 집을 던져야 할 수도 있다.

그런데 투자자가 많이 진입했다는 것은 무엇을 의미할까? 다른 지역에 비해 호재가 많고, 미래가치가 크다는 뜻이다. 앞으로의 미래가치를 위해 부동산을 계속 보유할 생각이었지만, 조정폭이 너무 커 유지할 여력이 없는 투자자가 많았다. 하지만 미래가치가 여전히 살아 있고, 시장이 조금씩 안정되어 가는 지금, 해당 지역의 미래가치를 믿는 투자자들이 재진입하고 있다.

이유 ③ 상승한 가격은 조정받거나 다시 반등할 수 있다

GTX-A노선 개발 호재는 이미 가격에 반영되었다는 말이 있다. 어느 정도는 맞는 말이다. 그러나 이 말은 철도 개발과 집값과의 상관관계를 모르고 하는 말이다. 앞서 이야기했듯 철도 개발로 인한 집값 상승은 한 번으로 끝나지 않는다. 주변 역세권 아파트 가격은 크게 3차례, 즉 계획이 확정되었을 때, 실제 착공이 되었을 때, 개통했을 때 변화가 생긴다고 정리할 수 있다.

각 지점 사이에는 상당한 시간 공백이 있고, 이 시기에 주변 공급 물량이나 부동산 시장 상황에 따라 올랐던 가격이 조정을 받기도 한다. 즉 3억 원이었던 아파트가 착공하면서 4억 원으로 올랐다가 금리 인상으로 3억 5,000만 원으로 조정을 받았다가 개통 시에 4억 5,000만 원으로 오를 수도 있다는 의미다. 화성시와 용인시는 GTX-A

노선 착공 소식이 호재가 되어 그동안 부동산 가격이 많이 상승했고, 금리 인상과 양도소득세 중과 유예 등으로 많은 조정을 받았다. 그리고 개통 시점이 다가온다는 기대감이 지금의 상승을 이끌고 있다.

이렇듯 역세권 아파트 가격은 개발 프리미엄이 반영되었다고 해서 그것으로 끝나는 것이 아니다. 시장 상황에 따라 개발 프리미엄이 반영되어 올랐던 가격도 얼마든지 조정받을 수 있고, 조정받았던 가격도 다시 개발 프리미엄 반영으로 반등할 수 있다는 사실을 알아야 한다.

 ## 대곡역 주변 토지거래허가구역 지정의 숨은 의미

GTX-A노선 수서~동탄 구간에서 용인시와 화성시가 분위기가 좋다면 운정~서울역 구간에서는 대곡역 주변을 빼놓을 수 없다. 현재 대곡역 주변은 토지거래허가구역으로 시정되어 있다. 어떠한 곳을 토지거래허가구역으로 지정했다는 것은 더욱 깐깐하게 관리하겠다는 뜻이다. 거래 당시는 물론이고, 이후에도 원래 목적대로 성실하게 잘 사용하고 있는지 관리·감독한다. 그리고 약속과 다른 목적으로 사용하거나 조기에 매도할 때는 상당히 무거운 행정처분이 내려진다. 여기까지가 토지거래허가구역에 대한 이론이다.

그런데 투자 목적으로 접근할 때는 이론보다는 뒤에 숨어 있는 의미를 살펴야 한다. 윤석열 정부는 출범과 동시에 핵심 지역 몇 곳을 제

● 미개발 상태인 대곡역 주변 ●

출처: 카카오맵

외하고 토지거래허가구역을 대부분 해제했지만, 대곡역 주변은 오히려 기간을 연장했다. 그 이유는 무엇일까?

대곡역은 수도권 주요 핵심 노선들이 지나고, 주변 역세권 개발도 계획되어 있다. 현장에 방문해 보면 개발이 진행된 곳도 있지만, 전반적으로 황량한 상태다. 즉 수많은 주요 개발 계획이 집중되어 있지만 아직 개발 초기 단계이고, 여전히 미래가치가 크다. 많은 변화가 이루어질 예정인 만큼 투자가치 또한 그 어느 지역보다 커 수요가 집중되는 상황을 막아야 할 필요가 있다고 판단했을 것이다. 바꿔 말하면, 토지거래허가구역으로 지정했다는 건 앞으로 가치가 더 오를 거라고 정부가 콕 찍어 알려준 것이나 다름이 없다.

토지거래허가구역으로 지정되면 어떤 제한이 있나?

토지거래허가구역으로 지정되면 매매 계약을 했다 해도 허가를 받지 못하면 무효가 된다. 만약 부정한 방법으로 허가를 받으면 징역형 또는 벌금형에 처해진다. 그리고 허가를 받아 매매 계약이 유효하더라도 일정 기간 최초 허가를 받은 용도대로 토지를 사용해야 한다. 쉽게 말해 농지를 거래했다면 본 목적에 맞게 농사를 지어야 하고, 농장을 운영할 목적으로 임야를 거래했다면 반드시 농장으로만 사용해야 한다. 허가 후에 목적대로 사용하지 않으면 '이행강제금'이라는 골치 아픈 행정처분이 내려진다. 참고로 이행강제금은 벌금의 일종이지만, 한 번만 내고 끝나는 것이 아니다. 허가받은 용도대로 사용할 때까지 매년 부과한다는 점에서 일반 벌금과 차이가 있다.

주택을 거래할 때는 어떻게 되나?

그런데 도시에서 발생하는 부동산 거래는 대부분 주택, 그중에서도 아파트다. 그렇다면 토지거래허가구역 내에서 아파트를 거래할 때는 어떻게 되는 것일까? 우리는 보통 아파트를 거래할 때 내부가 넓게 빠졌는지, 거실에서 바라보는 조망은 어떤지, 주변 환경은 어떤지, 단지 분위기는 어떤지 등 외관에 집중하는 경우가 많다. 그러나 아파트 역시

나는 진짜 돈이 되는 역세권 아파트에 투자한다

토지 위에 서 있는 것이며, 모든 부동산은 토지가 있어야 존재할 수 있다. 아파트 역시 해당 동호에 할당된 대지지분이 있으며, 결국 토지거래허가구역 내에서 아파트를 거래하는 것도 토지를 거래하는 것과 같다. 빌라와 단독주택도 같은 맥락에서 생각하면 된다.

그렇다면 토지거래허가구역에서는 아파트를 살 수 없는 것일까? 그렇지 않다. 대곡역 주변이 언제까지 토지거래허가구역으로 지정될지는 알 수 없지만, 아파트 역시 토지와 마찬가지로 본 목적 및 허가받은 대로 사용하면 아무런 문제가 없다. 주택의 본 목적은 사람이 사는 것이다. 즉 실거주 목적으로 매수한 뒤 실제로 그 아파트에 거주한다면 아무런 문제가 없다. 다른 지역에 거주하면서 전입하지 않고 투자 목적으로 보유하는 것은 불가능하지만 주변에서 거주하다 대곡역 주변 아파트로 갈아타기를 할 생각이라면 얼마든지 매매할 수 있다.

대곡역 주변은 개통을 앞둔 GTX-A노선과 서해선까지 더해져 미래가치가 무궁무진하다. 아직은 미개발 상태나 다름없는 초기 단계이지만, 향후 개발 진행 과정을 관심 있게 지켜본다면 분명 가까운 미래에 기회를 잡을 수 있을 것이다.

관심 있게 살펴봐야 할 지역

GTX-A노선은 대표적인 고속전철이다. 지금은 서울과 물리적 거리가 멀어 접근성이 좋지 않지만 고속전철로 이동 시간이 획기적으로 줄어드는 지역이 고속전철의 집중 수혜 지역이 될 것이다. 말 그대로 물리적 거리는 그대로이지만, 상징적 거리가 좁혀지는 지역을 관심 있게 살펴봐야 한다. 현재 대곡역 주변은 미개발 상태이므로, 현시점에서는 동탄역과 용인역 주변을 주의 깊게 살펴볼 필요가 있다.

동탄역 주변에서 주목해야 할 아파트

동탄역은 GTX-A노선의 남부 종점이며, 향후 동탄인덕원선이 연결될 예정이고, 복합환승센터까지 도입될 예정이다. 한마디로 동탄역 주변은 그저 단순히 깔끔한 신도시가 아니라 동탄2신도시는 물론이고, 동탄1신도시, 바로 인근의 병점을 비롯한 화성시 전체의 중심이 될 것이다. 화성시는 이미 서울 1호선이 운행되고 있고 외부로 통하는 광역버스가 있지만, 거리가 너무 멀어 현존하는 그 어떤 교통수단을 이용하더라도 서울 업무 중심지까지 이동하기에는 상당한 시간이 소요된다.

따라서 외부로 신속하게 이동할 수 있는 GTX-A노선이 정차하는 동탄역으로 다른 연계 교통수단이 집중될 수밖에 없고, 동탄역과 접근성이 좋고 가까운 아파트일수록 가격이 더 오를 수밖에 없다. 이것이 바로 동탄1신도시에 속한 아파트들이 동탄2신도시 외곽 아파트들보다 10년 이상 오래되었지만 평균 가격이 더 비싼 이유다.

동탄역반도유보라아이비파크5.0

그렇다면 동탄역 주변에서는 어떤 아파트를 관심 있게 살펴봐야 할까? 필자는 동탄역반도유보라아이비파크5.0을 추천한다. 이 아파트의 전용 59타입은 지난 상승장의 정점이었던 2021년 후반에 9억 7,000만 원에 거래된 이후, 2022년 후반에 5억 7,000만 원에 거래되기까지 거의 반 토막이 날 정도로 폭락을 경험했다. 지난 하락장이 전국적으로 낙폭이 컸다고는 하지만 이렇게 큰 낙폭을 기록한 사례는 찾기 힘들다. 이를 통해 그동안 동탄신도시가 얼마나 많은 투자자의 주목을 받았는지, 떨어진 전세가를 감당하지 못해 던진 매물이 얼마나 많았는지 예측할 수 있다.

사실 동탄역 주변에는 이미 많은 아파트 단지가 있고, 모두 신축

● GTX-A노선 동탄역과 동탄역반도유보라아이비파크5.0 ●

출처: 카카오맵

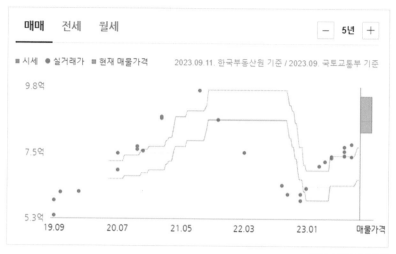

● 동탄역반도유보라아이비파크5.0 가격 변동 추이 ●

매매　전세　월세　　　　　　　　　　　　　　－　5년　＋

■ 시세　● 실거래가　■ 현재 매물가격　　2023.09.11. 한국부동산원 기준 / 2023.09. 국토교통부 기준

9.8억

7.5억

5.3억

19.09　　20.07　　21.05　　22.03　　23.01　　매물가격

출처: 네이버부동산

이며, GTX-A노선 개통으로 영향을 받고 있다. 따라서 사실상 주변 모든 아파트를 투자 대상으로 생각해도 좋다.

그러나 조금 더 세부적으로 들여다보면 단지마다 차이가 있다. 동탄역 주변은 물론, 동탄신도시 전체 시세를 주도하는 아파트는 동탄2신도시 시범단지들이다. 이는 곧 많은 하락이 있었고, 일정 부분 반등한 상태이지만 여전히 가격이 높아 누구나 쉽게 진입하기에는 무리가 있다는 뜻이다. 그리고 초등학교 접근성이 좋지 않은 단지나 대로변의 소음 및 먼지와 싸워야 하는 주상복합아파트, 다른 조건은 나쁘지 않지만 300세대 미만인 소형 단지 등은 다양한 수요층의 관심을 받기 어렵다.

따라서 동탄역 역세권 아파트이면서 초등학교를 품고 있고, 단지

　　　　　　　나는 진짜 돈이 되는 역세권 아파트에 투자한다

바로 뒤쪽으로 공원을 끼고 있는 동탄역반도유보라아이비파크5.0을 주목할 필요가 있다. 비록 최저점 대비 다시 2억 원 가까이 상승한 상태이지만 여전히 진입하기 좋은 시점이다. 많은 투자자가 관심을 보이는 지역인 만큼 GTX-A노선 개통 이후 3~6개월 사이에 의미 있는 상승을 경험할 수 있을 것이다. 기준금리 단기 급등 같은 전혀 예측할 수 없는 외부 악재가 터지지 않는 한, 지금의 분위기는 GTX-A노선 개통 시기와 맞물려 계속해서 이어질 가능성이 크다.

용인역 주변에서 주목해야 할 아파트

지금부터는 용인역 주변을 살펴보자. 용인역은 수인분당선 구성역 서쪽에 위치해 있다. 현재 역 주변을 둘러보면 미개발 상태 농지가 펼쳐져 있어 다소 황량한 느낌이 들지만, 향후 용인플랫폼시티 개발이 계획되어 있다. 그렇다면 용인플랫폼시티는 어떤 목적으로 조성하며, 어떤 특징이 있을까? 계획과 목적을 알면 향후 주변 아파트 가격 변화를 예측하는 데 많은 도움이 된다.

용인플랫폼시티는 용인역 일대에 첨단산업단지와 상업·업무시설, 주거시설 등을 갖춘 자족도시를 조성하는 것이 목적으로, 2023년 이내에 구역 지정 및 개발 계획을 승인하고 2024년에 착공하는 것이 목표였다. 하지만 아직까지 진전되지 못하고 있는 상황이다. 규모는 상대적으로 작은 편이지만, 주변은 이미 아파트로 둘러싸여 있어 조성 사업이 마무리되면 수혜를 입을 인구가 생각보다 많을 것으로 전망된다.

일반적으로 신규 택지를 조성하면 단기간에 집중되는 많은 입주 물량 때문에 주변 집값이 조정을 받는데, 용인플랫폼시티는 성격이 조금 다르다. 용인시 자체에 부족한 자족력을 높이는 것이 목표인 만큼 업무 및 상업시설 위주로 조성하며, 상대적으로 신규 입주 물량은 많지 않다. 즉 일반적인 신도시처럼 대규모 주택용지를 확보하고 부대시설로 업무 및 상업시설을 조성하는 형태가 아니라, 플랫폼시티의 풍부한 업무 및 상업시설이 주변에 있는 기존 아파트 단지 주민들에게 일자리 및 각종 편의를 제공하는 형태가 될 것이다. 용인플랫폼시티 개발로 주변 아파트 가격이 조정받을 가능성은 크지 않다고 보는 것이 타당하다.

① 블루밍구성더센트럴

그렇다면 용인역 주변에서는 어떤 아파트를 관심 있게 살펴봐야 할까? 먼저 블루밍구성더센트럴을 보자. 이 아파트의 전용 84타입은 지난 상승장의 정점이었던 2021년 후반에 10억 3,000만 원에 거래된 이후 2023년 초반에 6억 3,000만 원에 거래되기까지 무려 40%에 가까운 폭락을 경험했다.

이 아파트는 지난 상승장의 시작이었던 2019년 후반부터 상승장의 정점이었던 2021년 후반까지의 상승폭을 주목할 필요가 있다. 2019년 후반에 4억 5,000만 원에 거래되었던 전용 84타입이 불과 2년 만에 2배 이상 올랐다. 지난 상승장에 서울 및 수도권 아파트 가

● GTX-A노선 용인역과 블루밍구성더센트럴, 삼거마을삼성래미안1차 ●

출처: 카카오맵

● 블루밍구성더센트럴 가격 변동 추이 ●

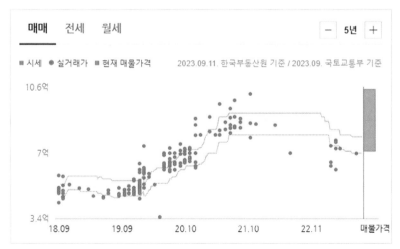

출처: 네이버부동산

격이 전체적으로 폭등하긴 했지만, 유사 사례를 찾기 힘들 정도로 상승폭이 크다.

왜 이런 현상이 발생한 것일까? 블루밍구성더센트럴은 용인역 역세권 아파트이며, 초등학교는 물론이고 중학교와 고등학교까지 단지에 품고 있을 정도로 교육 여건이 매우 좋다. 또한 세대수도 적고 연식도 오래된 주변 아파트 단지들보다 단지 규모가 월등히 크다. 바로 아래 삼거마을삼성래미안1차까지 합하면 무려 3,000세대가 넘는 규모이며, 아파트 자체적으로 가진 생활 인프라도 훌륭하다.

지금은 물론이고, 용인플랫폼시티 조성이 끝나더라도 블루밍구성더센트럴의 시세를 위협할 만한 요소는 딱히 보이지 않는다. 이는 GTX-A노선 개발 프리미엄을 독점하다시피 한 결과라 할 수 있다. 따라서 거래량이 살아나는 시기에 진입해 수익률 및 기간을 정해놓고 단기 보유하는 전략도 좋지만, 용인플랫폼시티 조성 이후까지 장기적으로 보유할 계획을 세워 실거주 겸 투자 목적으로 접근하는 것이 바람직하다.

② 삼거마을삼성래미안1차

그렇다면 삼거마을삼성래미안1차는 어떨까? 블루밍구성더센트럴 바로 아래에 위치해 있는 삼거마을삼성래미안1차 역시 비슷한 가격 흐름을 보이고 있지만, 주로 중대형 면적으로 구성되어 있는 점이 아쉽다. 국민평형이라 할 수 있는 전용 84타입과 다음으로 선호도가 높은 전용 59타입은 1인 가구부터 4인 이상 가구까지 폭넓은 선호도를 자랑한다. 아주 특이한 경우를 제외하면, 전용 59타입과 84타입이 마

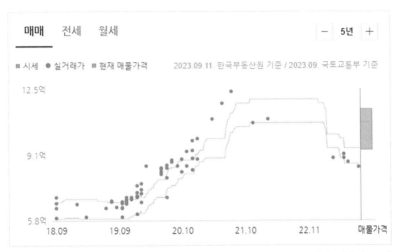

삼거마을삼성래미안1차 가격 변동 추이

매매　　전세　　월세　　　　　　　　　　　　　　　　　　　－　5년　＋

■시세　●실거래가　■현재 매물가격　　2023.09.11. 한국부동산원 기준 / 2023.09. 국토교통부 기준

12.5억

9.1억

5.8억

18.09　　　19.09　　　20.10　　　21.10　　　22.11　　　매물가격

출처: 네이버부동산

런되어 있지 않은 단지가 없다. 그만큼 누구나 보편적으로 찾는다는 의미다.

그런데 중대형 면적은 어떨까? 일단 1인 가구가 살기에는 너무 넓다. 자식을 모두 출가시킨 노부부가 살기에도 넓을 뿐만 아니라 관리비가 많이 나와 효율적이지 않다. 더욱이 요즘은 세대 구분 없이 부동산 재테크에 관심이 많은 만큼, 중대형 면적에 모든 자금을 묻어두기보다 적당한 면적의 집에 실거주하고 나머지 자금을 투자 자금으로 활용하는 빈도가 늘었다. 즉 중대형 면적은 찾는 수요가 제한적이므로 내가 팔고 싶을 때 원하는 가격에 팔기가 쉽지 않다.

투자라는 건 좋은 타이밍에 진입하는 것도 중요하지만, 내가 팔고 싶을 때 원하는 가격에 팔 수 있어야 한다. 이런 관점에서 본다면, 삼

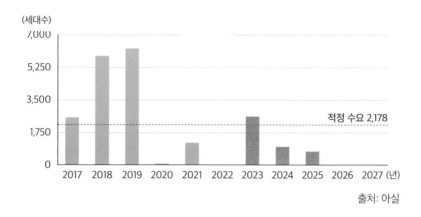

● 용인시 기흥구 예정 입주 물량 ●

(세대수)

출처: 아실

거마을삼성래미안1차보다는 선호도가 높은 면적으로 구성된 블루밍구성더센트럴이 더욱 적합하다고 볼 수 있다. 그러나 삼거마을삼성래미안1차도 결국 같은 입지를 공유하고 있으므로 미래가치는 블루밍구성더센트럴과 같다. 두 단지의 이런 차이를 고려해 자신의 상황에 맞는 적절한 투자 대상을 선택하면 된다.

더욱이 이 아파트가 속한 경기도 용인시 기흥구에 향후 2~3년간 예정된 입주 물량 또한 적정 수요에 한참 미치지 못한다. 따라서 GTX-A노선 개통으로 다시 한번 아파트 가격이 자극을 받기 전에 진입한다면 향후 몇 년간 안정적이고 좋은 투자처가 될 수 있을 것이다.

구리와 다산신도시를
서울 생활권으로,
8호선 별내 연장

경기도 구리시와 다산신도시를 서울 생활권으로 만들어줄 8호선 별내 연장 노선은 2024년 6월 개통을 앞두고 막바지 공사를 하고 있다. 원래는 2023년에 개통할 예정이었지만, 장자호수공원역과 구리역 사이에 대형 땅꺼짐(싱크홀) 사고가 발생해 계획보다 1년 정도 늦어졌다.

경기도 구리시는 인구가 20만 명이 되지 않는 소도시다. 도시 면적에 비해 많은 인구가 살고 있으며, 성동구, 강동구, 노원구와 경계를 두고 있을 만큼 서울과 물리적 거리가 매우 가깝다. 구리시는 여건만 보면 광명시 그리고 과천시와 비슷하다. 하지만 두 도시에 비해 집값이 상대적으로 저렴하다. 왜 그럴까? 많은 이유가 있지만 교통 문제가 가장 크다. 실제 수혜 지역은 매우 한정적이지만 광명시는 7호선을 이용해 환승 없이 강남 접근이 가능하고, 가벼운 환승으로 업무 중심지까지 접근할 수 있다. 과천시는 생명줄이라 할 수 있는 4호선이 강남 직결노선은 아니지만 환승 시스템이 좋고, 지리적으로 강남과 가장 가까워 버스 노선이 매우 많다.

반면 구리시는 아직 마땅한 전철노선이 없다. 버스 노선 또한 많지 않아 접근성이 떨어진다. 하지만 이런 아쉬움을 8호선 별내 연장 노선이 해결해준다. 단순히 전철노선이 없었던 지역에 새로운 노선이 생기는 개념과는 조금 다르다. 앞서 언급했듯 광명시와 과천시는 기

● 개통을 앞둔 8호선 별내 연장 노선 ●

나는 진짜 돈이 되는 역세권 아파트에 투자한다

존 7호선과 4호선이 있지만, 수혜 지역이 매우 한정적이다. 서울과 가까운 물리적 거리 대비 접근성이 좋지 못하고, 대중교통을 이용할 경우 강남이나 여의도까지 1시간 이상 소요되는 등 지리적 이점을 전혀 살리지 못하고 있다. 그러나 구리시는 좁은 면적에 무려 3개 정차역을 두어 구리시의 거의 전 지역이 수혜를 입을 수 있도록 했다. 역 간 거리도 짧아 앞뒤 2개 역에 역세권으로 들어가는 아파트 단지도 많다.

개통이 또 연기될 수도 있다?

그런데 개통이 또 연기될 가능성이 있다. 보다 쉽게 이해하려면 8호선 별내 연장 노선이 어떻게 계획되어 있는지부터 살펴봐야 한다.

8호선 별내 연장 노선은 기존 8호선 종점역인 암사역에서 출발해 암사역사공원역 – 장자호수공원역 – 구리역 – 동구릉역 – 다산역 – 별내역까지 총 6개 역을 신설한다. 암사역사공원역은 서울특별시 강동구 소재, 장자호수공원역부터 동구릉역까지는 구리시 소재, 다산역과 별내역은 남양주시 소재이며, 각 시에서 향후 운영 및 관리를 맡는다.

문제는 이 중에서 남양주시가 운영 및 관리를 맡는 구간인데, 이 구간의 관리 주체는 남양주시이지만 해당 구간의 상당 부분이 구리시 땅이다. 구리시는 구리시 소재의 땅이지만 남양주시를 위한 구간인 만큼 남양주시에서 운영비를 부담하는 것이 합리적이리는 입장이고, 남양주시는 엄연히 구리시 소재의 땅이니 구리시에서 운영비를 부담하는 것이 합리적이라는 입장이다. 하나의 노선이 여러 지자체를 통과하면 각 지자체끼리 어떻게 운영할 것인지, 운영비는 누가 부담할 것인지 결정하는 건설 협약을 체결해야 하는데, 공식 개통이 얼마 남지 않았음에도 구리시와 남양주시의 합의가 이루어지지 않고 있다.

물리적인 공사도 중요하지만, 관련 행정이 제때 마무리되는 것도 매우 중요하다. 잘 만들어놓은 시설을 효율적으로 사용하려면 책임 소재가 명확해야 한다. 현재 8호선 별내 연장 노선 운영비에 대한 각 시의 주장은 원칙적으로 따졌을 때는 남양주시의 주장이 옳고, 도의적으로 따졌을 때는 구리시의 주장이 옳다. 합의점을 찾는 시간이 오래 걸린다면 개통 또한 연기될 가능성이 크다.

 ## 관심 있게
살펴봐야 할 지역

그렇다면 8호선 별내 연장 노선의 집중 수혜 지역은 어디일까? 노선 자체의 가치가 높으므로 별도의 환승 효율을 따질 필요가 없다. 따라서 전 정차역의 역세권 범위 내에 들어오는 모든 아파트는 투자 자금의 크기와 향후 수익률 차이가 있을 뿐, 모두 미래가치가 있다. 단 같은 조건이라면 구축 아파트 밀집 지역보다는 신축 아파트 밀집 지역이, 이미 신축 아파트로 조성된 지역보다는 앞으로 신축 아파트로 조성될 가능성이 있는 지역이 더 미래가치가 있다고 볼 수 있다. 그런 의미에서 본다면 8호선 별내 연장 노선 중에서 아직 변화할 것이 남아

나는 진짜 돈이 되는 역세권 아파트에 투자한다

있는 동구릉역과 장자호수공원역 주변을 관심 있게 살펴봐야 할 지역
으로 꼽을 수 있다.

 ## 동구릉역 주변에서
주목해야 할 아파트

먼저 동구릉역 주변을 살펴보자. 이 지역은 면적도 넓지 않은데, 2개
노선에 3개 정차역이 설치된다. 이는 보기 드문 형태다. 남쪽으로는
이미 경의중앙선 구리역이 있고, 8호선 연장으로 8호선 구리역과 동
구릉역을 설치해 1km도 되지 않는 반경 내에 2개 노선이 겹치면서
3개 정차역이 들어서게 된다. 덕분에 주변에 있는 대부분의 아파트가
역세권 범위 내에 들어온다. 실제로 8호선 구리역과 동구릉역의 직선
거리는 800m 남짓이다. 역사 간 평균 거리가 2~3km인 것을 생각하
면, 역사를 2개 건설하기에는 다소 거리가 짧다.

　그렇다면 왜 이렇게 역사가 배치된 것일까? 최초에 제안한 8호선
별내 연장 노선 초안에는 동구릉역이 없었다. 그러나 구리역에서 다산
역으로 넘어가는 동선이 매끄럽지 못해 열차를 보다 안전하게 운행할
필요가 있었고, 계획을 적절히 변경하는 과정에서 동구릉역이 추가되
면서 이런 형태가 되었다. 계획 변경으로 지금의 동구릉역 주변 아파
트는 엄청난 수혜를 입은 셈이다.

① 인창주공4단지

동구릉역 주변에서는 어떤 아파트를 관심 있게 살펴봐야 할까? 먼저 인창주공4단지를 살펴보자. 이 아파트의 전용 59타입은 지난 상승장의 정점이었던 2021년 말에 6억 8,000만 원에 거래된 이후 특수관계인 간 거래로 의심되는 1건을 제외하고, 4억 7,000만 원 선에서 거래가 조금씩 이루어지고 있다.

필자가 앞서 어떤 점을 강조했는지 기억이 나는가? 8호선 별내 연장 노선의 역세권 범위 내에 들어오는 단지 중에서 신축 아파트로 조성될 가능성이 있는 단지를 관심 있게 살펴볼 필요가 있다고 이야기했다. 인창주공4단지는 재건축의 한계를 인정하고, 현재 지역 내에서 최초로 리모델링을 추진하고 있다. 무슨 일이든 본보기가 중요하다. 인창주공4단지의 향후 진행 상황은 비슷한 상황에 놓여 있는 주변 단지 주민들에게 좋은 본보기가 될 수 있다.

구리시는 아파트가 점점 노후화되고 있지만, 현재로서는 획기적인 대안이 없다. 재개발 및 재건축으로 대규모 개발이 진행 중인 광명시와 과천시와는 대조적이다. 구리시는 현재 재개발이 진행 중인 구역이 많지 않을 뿐만 아니라, 구역도 작아 대규모 개발이 힘든 상황이다. 또한 재건축 역시 사업성을 갖춘 단지가 많지 않아 획기적인 변화를 기대하기 힘들다. 유일한 대안은 리모델링인데, 주변은 물론 전국적으로 마땅한 성공 사례가 없어 지지부진한 상황이다.

그러나 인창주공4단지가 리모델링 사업으로 신축 아파트로 거듭난다면, 해당 단지의 가치 상승을 넘어 지역 전체를 돋보이게 만들 수 있다. 조만간 좋아질 교통 및 입지와 더불어 인창주공4단지의 변화된

8호선 동구릉역과 인창주공4단지, 아름마을인창래미안

출처: 카카오맵

인창주공4단지 가격 변동 추이

출처: 네이버부동산

모습으로 가치가 상승하는 것을 경험한다면, 인근에 있는 다른 인창주공아파트와 인창동 내에 있는 단지들로 개발 분위기가 신속하게 파생될 것이다.

현재 인창주공4단지의 리모델링 조합 설립을 위한 동의율은 60%가 조금 넘은 것으로 알려져 있다. 총 1,408세대이니 조합 설립에 필요한 67% 동의율을 달성하려면 100명 정도의 사람이 더 찬성해야 하지만, 8호선 별내 연장 노선 개통을 1년 정도 앞두고 있고, 큰 폭의 하락을 경험한 후 거래량이 조금씩 살아나고 있는 지금이 매수하기 좋은 타이밍이다. 그리고 필요한 동의율을 달성하면 다시 한번 주목을 받을 수 있을 것이다.

② 아름마을인창래미안

이번에는 아름마을인창래미안을 살펴보자. 이곳은 동구릉역 역세권 아파트이지만, 아직까지는 재건축이나 리모델링 같은 개발 움직임이 없다. 그런데 필자는 왜 이곳을 주목해야 할 아파트로 선정했을까? 아름마을인창래미안의 가격 변동 추이를 자세히 살펴보자. 전용 59타입은 지난 상승장의 정점이었던 2021년 말에 6억 3,000만 원에 거래된 이후 최근에 5억 원 선에서 꾸준히 거래되고 있다.

앞서 설명한 인창주공4단지와의 차이를 알겠는가? 바로 조정폭이 훨씬 적었다는 점이다. 인창주공4단지는 같은 기간에 2억 원 정도 조정을 받았지만, 아름마을인창래미안은 그 절반 수준의 조정이 있었다. 이런 차이가 발생한 이유는 탄탄한 실거주 수요 덕분에 가격이 방어되었기 때문이다. 아름마을인창래미안은 초등학교를 품고 있는 '초

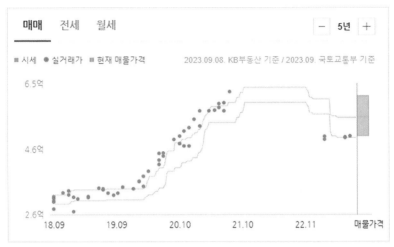

● 아름마을인창래미안 가격 변동 추이 ●

매매　　전세　　월세

－　5년　＋

■ 시세　● 실거래가　■ 현재 매물가격　　2023.09.08. KB부동산 기준 / 2023.09. 국토교통부 기준

6.5억

4.6억

2.6억

18.09　　19.09　　20.10　　21.10　　22.11　　매물가격

출처: 네이버부동산

품아'이며, 아파트 뒤쪽으로 큰 공원을 끼고 있다. 요즘의 신도시나 택지지구는 하나의 도시계획으로 조성해 아파트 단지가 초등학교와 공원을 끼도록 인위적으로 설계하지만, 아름마을인창래미안처럼 구도심에 위치해 있으면서 20년이 넘은 아파트에서는 찾아보기 쉽지 않은 환경이다.

무엇보다 단지에서 바로 북부간선도로와 수도권제1순환고속도로로 진입할 수 있어 서울 및 인근 도시로의 접근성도 매우 좋다. 해당 지역 내에서는 보기 드문 1군 건설사 아파트라는 점과 조용하면서도 쾌적한 거주 여건도 투자자는 물론, 실거주자의 관심을 끌어 가격 방이가 가능했다. 8호선 별내 연장 노선 개통을 앞두고 선진입한다면, 향후 괜찮은 수익과 함께 편리한 생활환경을 누릴 수 있을 것이다. 특히 미취학 자녀나 초등학교에 다니는 자녀가 있는 가정의 거주 만족도가 매우 높을 것이다.

장자호수공원역 주변에서 주목해야 할 아파트

지금부터는 장자호수공원역 주변을 살펴보자. 장자호수공원역 주변은 구리시의 전통적인 부촌이다. 지금은 구리역 주변의 집중 개발로 부촌의 타이틀을 구리역 쪽으로 내어주는 분위기이지만, 한강 생활권과 장자호수공원을 비롯한 쾌적한 생활환경 및 상권으로 여전히 거주 만족도가 높다.

그러나 단점도 뚜렷하다. 바로 눈앞이 서울임에도 장자호수공원역이 예정된 위치를 경유하는 서울행 시내버스가 많지 않고, 그나마 있는 노선도 모두 남양주시 구석구석을 돌다 와 출근 시간에는 버스가 항상 인산인해를 이룬다. 현재의 교통 상황만 놓고 본다면, 구리역 주변은 물론 동구릉역 주변보다 교통 여건이 좋지 않다.

하지만 이런 교통 소외 지역이 8호선 별내 연장 노선 개통으로 획기적으로 개선될 예정이다. 장자호수공원역 주변은 8호선 별내 연장 노선 개통으로 가장 큰 수혜를 입을 지역이라 해도 과언이 아니다.

구리두산

그렇다면 장자호수공원역 주변에서는 어떤 아파트를 관심 있게 살펴

8호선 장자호수공원역과 구리두산

출처: 카카오맵

봐야 할까? 필자는 구리두산을 추천한다. 구리시에서 유일하게 재건축이 가능한 아파트로 2022년 예비안전진단을 통과했으며, 본격적으로 살아난 부동산 시장 분위기와 함께 재건축이 활발하게 진행되고 있다.

구리두산 전용 59타입은 지난 상승장의 정점이었던 2021년 말에 7억 9,000만 원에 거래된 이후 최근에는 6억 원 선에서 꾸준히 거래되고 있다. 8호선 장자호수공원역 역세권 아파트이며, 단지 바로 뒤쪽으로 큰 공원을 2개나 끼고 있다. 바로 인근에 아트홀이 있어 문화생활을 즐기기에도 좋으며, 장자호수공원과 한강이 가까워 운동을 즐기기에도 그만이다. 주변 아파트와 8호선 역세권으로서의 프리미엄을 같이 누리지만, 리모델링 외에는 특별한 개발 방법이 없는 다른 단지

매매 전세 월세   － 5년 ＋

■ 시세 ● 실거래가 ■ 현재 매물가격   2023.09.11. 한국부동산원 기준 / 2023.09. 국토교통부 기준

8.2억

5.7억

3.3억
18.09   19.09   20.10   21.10   22.11   매물가격

출처: 네이버부동산

들과 다르게 재건축을 할 수 있다는 점 때문에 숨어 있는 가치는 더욱 크다고 볼 수 있다.

8호선 개통을 앞둔 지금 시점에 진입해 매도 시점을 다양하게 가져갈 수 있다는 점도 큰 장점이다. 노선 개통 이후에 매도할 생각으로 단기 보유하는 것도 좋고, 재건축의 각 주요 단계인 조합설립인가, 시공사 선정, 관리처분계획인가 직후에 매도 전략을 세우는 것도 좋다. 다만 재건축이 진행 중인 단지답게 매매가 대비 전세가율이 낮아 자금이 많이 필요하다. 따라서 순수 투자 목적보다는 실거주와 투자를 동시에 고려한 수요가 접근하기에 적합하다.

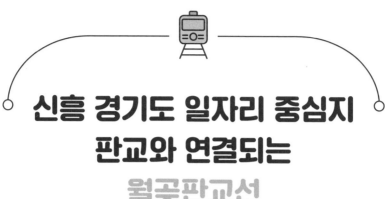

신흥 경기도 일자리 중심지
판교와 연결되는
월곶판교선

월곶판교선은 '월판선'이라고 줄여서 부르기도 한다. 따라서 이후부터는 편의상 '월판선'으로 통일하니 참고 바란다.

현재 월판선은 2021년에 착공한 이후 도중에 사업비가 증가하면서 본 사업에 대한 적정성을 재검토받는 중이다. 참고로 최초 사업비에서 15% 이상 증가하면 별도의 적정성 검토를 받아야 한다. 현재 공사 재개 소식은 들리지 않지만 이미 경제성이 있음을 확인하고 최종 확정된 노선이므로, 조만간 월판선 공사가 다시 진행될 것으로 보인다.

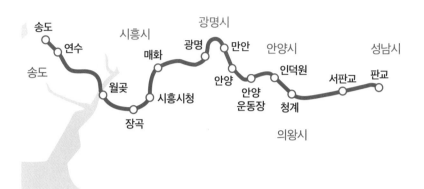

* 월판선 노선도 *

송도 / 연수 / 시흥시 / 광명시 / 매화 / 광명 / 만안 / 안양시 / 성남시
송도 / 월곶 / 시흥시청 / 안양 / 안양운동장 / 인덕원 / 서판교 / 판교
장곡 / 청계 / 의왕시

월판선의
3가지 가치

그렇다면 월판선은 어떤 가치가 있기에 큰 주목을 받는 것일까? 필자
는 월판선의 가치를 크게 3가지로 본다.

첫 번째는 비록 서울 직결노선은 아니지만, 송도국제도시에서 신
흥 경기도 일자리의 중심이라 할 수 있는 판교로 직접 연결된다는 점
이다. 경기 남부, 그중에서도 대중교통이 불편했던 외곽 지역에서 판
교신도시에 마련된 양질의 일자리가 있는 곳으로 출퇴근이 편리해지
는 것은 물론, 판교에서 고속전철인 신분당선으로 환승해 강남으로 신
속하게 출퇴근할 수 있다.

두 번째는 경기 남부 지역 중에서 서울과 물리적 거리는 멀지 않지

만 대중교통에서 철저히 소외된 지역 위주로 정차역을 배치한다는 점이다. 예정된 정차역 주변에 이미 많은 세대가 거주하고 있으므로, 출퇴근 여건이 확실히 개선될 것으로 보인다.

마지막 세 번째가 가장 중요하다. 현재 계획대로라면 월판선은 일반전철은 물론이고, GTX보다 빠른 속도로 운행될 예정이다. 초고속전철인 셈이다. 적절한 위치에서 환승이 가능한 것도 호재인데, 각 구간을 빠르게 이동할 수 있으니 그동안 불편함을 겪었던 주민들의 편의가 극대화될 것이다.

 ## 시흥시청역에 무슨 일이?

월판선의 주요 정차역 중 하나는 시흥시청역이다. 시흥시청역은 현재 서해선 하나의 노선만 운행하고 있는데, 향후 월판선과 신안산선이 연결되면 트리플 역세권이 된다. 지금은 비록 경기도 외곽의 고립된 변방 이미지가 강하지만, 월판선과 신안산선이 연결되면 서울 및 경기도 업무 중심지까지 출퇴근 여건이 대폭 개선된다. 또한 수많은 유동인구를 효과적으로 수용할 수 있는 복합환승센터까지 건립될 예정이므로 미래가치가 무척이나 기대된다.

그렇다면 복합환승센터란 무엇일까? 복합환승센터란, 업무시설, 교통시설, 상업시설을 하나의 공간에서 모두 이용할 수 있는 신개념 공간을 의미한다. 일하고, 먹고, 마시는 것을 해결할 수 있는 공간, 각자의 집으로 이동할 수 있는 모든 시설이 한 곳에 있다고 생각하면 된다. 단순히 환승 편의를 제공하는 의미를 넘어 많은 유동인구가 해당 지역에 집중되어 경제 성장의 기반이 될 수 있는 중요한 시설이다.

복합환승센터의 모체라 할 수 있는 잠실역을 떠올리면 쉽게 이해될 것이다. 사실 잠실역은 기존 역사에 상업 및 환승 시스템을 추가한 형태이기 때문에 완벽한 복합환승센터로 보기 어렵다. 하지만 복합환승센터 도입으로 유동인구 집중, 대규모 상권, 편리한 환승 시스템이 어우러지면서 그 주변이 더욱 크게 성장했다. 물론 잠실역과 시흥시청역을 단순 비교하는 것은 무리가 있지만, 적어도 지금의 낙후된 변방 이미지를 벗고, 지역 경제를 살리는 역할을 할 것으로 기대된다.

복합환승센터 건립은 정말 없던 일이 되는 것일까?

그러나 2023년 7월 시흥시청역에 복합환승센터를 건립하는 계획이 전면 무산되었다는 보도가 나왔다. 그 이유가 무엇일까? 여러 가지 이유가 있겠지만 최근 물가 상승으로 자재비와 인건비가 높아진 것이 가장 큰 이유다. 시흥시청역 복합환승센터 건립을 맡았던 시행사가 자금 부담으로 제때 착공하지 못했고, 시흥시와 합의해 그 일에서 손을 떼기로 했다. 복합환승센터 건립으로 해당 지역의 가치가 높아질 수 있는 만큼, 계획 무산은 주변 아파트 가격에도 상당한 타격을 입힐 수 있다.

그렇다면 시흥시청역의 복합환승센터 건립 계획은 전면 백지화가 되는 것일까? 물론 최종 결과는 나와 봐야 알겠지만, 필자는 그렇지 않을 것이라고 예상한다. 앞서 이야기했듯 시흥시청역에는 월판선과 서해선, 신안산선이 연결된다. 앞으로 수많은 유동인구가 시흥시청역을 거쳐 갈 여건이 마련되는 셈이다. 더욱이 시흥시청역 주변에는 대규모 상업시설과 주차장이 계획되어 있다. 시흥시는 시흥시청역과 그 주변을 시흥시의 신흥 중심지로 개발하겠다고 마음먹은 상태다. 이 사실은 변함이 없다.

건립이 무산된 이유도 중요하다. 미래가치가 없거나 다른 이유에서 시행사가 물러난 것이 아니다. 건설 경기 악화로 당분간은 감당할 수 없다는 것이 주된 이유다. 즉 시흥시청역이 가진 미래가치와 시행사가 복합환승센터 건립을 담당했을 때 기대되는 이익은 그대로라는 뜻이다. 따라서 지금은 건설 경기 악화로 기존 시행사가 물러났지만 추진될 가치는 충분히 남아 있으며, 경기가 회복된다면 다른 시행사와 협의해 다시 추진될 것이다. 단 아직은 머나먼 이야기이니 시흥시청역 복합환승센터 건립에 대한 생각은 잠시 접어두기 바란다.

 ## 관심 있게
살펴봐야 할 지역

지금부터는 월판선 개통으로 앞으로 꾸준히 수혜를 입을 지역을 예상해 보자. 단순히 없던 노선이 생긴다고 해서 다 호재는 아니다. 이전과 달리 교통 환경을 월등하게 개선하는 노선이 있는 반면, 있으나 마나 한 노선도 있기 때문이다.

물론 월판선처럼 효율이 좋은 노선이라면, 기본적으로 정차역 주변 아파트들은 긍정적인 영향을 받을 것이다. 하지만 좋은 노선이 이미 개통되어 운행되고 있다면 새로 생기는 노선이 주변 집값에 미치는 효과는 상대적으로 덜할 것이다. 현재 교통 상황만으로도 해당 지역에서 서울 업무 중심지까지의 접근이 충분히 편리하기 때문이다.

그런데 반대로 그동안 외부로 통하는 전철노선이 전혀 없을 정도로 철저한 교통 소외 지역이었는데, 월판선이 생김으로써 이전보다 획기적으로 교통 여건이 개선되는 지역이라면 어떨까? 아마도 주변 집값은 상당한 영향을 받을 것이다.

따라서 월판선 정차역이 예정된 지역 중에서 기존에 전철노선이 전혀 없었던 지역, 그중에서도 GTX가 예정된 인덕원역과 신분당선으로 빠르게 환승할 수 있는 판교역 한 정거장 전후 정차역 주변이 집중 수혜 지역이라 볼 수 있다. 특히 월판선은 현재 수도권에 계획된 신규 전철노선 중에서 가장 빠른 이동 속도를 자랑하므로 그 영향력은 배가 될 것이다.

그렇다면 월판선에서는 어느 지역, 어느 아파트를 관심 있게 살펴봐야 할까? 앞서 필자가 언급한 내용을 종합해 보면, 월판선으로 가장 큰 수혜를 입을 지역은 역사를 신설하면서 GTX-C노선이 정차하는 인덕원역과, 쉽게 환승할 수 있는 안양운동장역 주변을 꼽을 수 있다.

**안양운동장역 주변에서
주목해야 할 아파트**

안양운동장역 주변을 살펴보자. 정차역이 예정된 곳 인근에 넉넉한 세대수를 갖춘 아파트 단지가 없으며, 남쪽으로는 대표적인 1기 신도시인 평촌신도시의 구축 아파트 단지가 분포해 있다.

재건축 사업성이 애매한 평촌신도시 아파트에 대한 용적률 상향 및 통합 재건축 이슈가 주된 내용인 1기 신도시 특별법이 국회를 통과했지만, 법안이 통과된 이후에도 시장이 특별법을 받아들이기까지 많은 시행착오가 필요할 것이다. 정차역 남쪽에 분포한 아파트 단지들은 리모델링 또는 재건축을 놓고 한동안 개발 방향을 정하지 못하고 표류할 가능성이 크다. 따라서 안양운동장역 주변에서는 특별히 개발 이슈를 신경 쓸 필요가 없는 비산e편한세상과 비산삼성래미안을 주목할 필요가 있다.

두 단지 모두 안양운동장역 도보권이며, 초등학교를 단지 내에 품고 있는 초품아다. 더욱이 단지 바로 앞에 안양시립도서관이 있고, 단지 뒤쪽으로 작은 공원 2개를 품고 있어 다양한 수요층의 관심을 끌기에 충분한 여건을 갖추고 있다.

비산e편한세상과 비산삼성래미안

먼저 비산e편한세상 전용 84타입의 가격 변동 추이를 살펴보자. 월판선이 착공한 2021년 4월부터 6개월 이후까지 꾸준한 상승을 이어갔으며, 지난 상승장의 정점이라 볼 수 있는 2021년 말에 10억

출처: 카카오맵

4,000만 원의 실거래가를 기록했다. 비록 저층이라 단순 비교는 어렵지만, 한동안 거래절벽이 이어지다 본격적으로 거래량이 살아나기 시작한 2023년 초에 30% 정도 하락한 7억 2,000만 원에 거래된 이후, 2023년 8월 10% 정도 반등한 7억 8,000만 원에 거래가 된 상태.

그렇다면 비산삼성래미안은 어떤가? 실거래가 차이만 있을 뿐, 비산e편한세상과 비슷한 가격 변동 추이를 보이고 있다.

두 아파트의 가격 변동 추이를 보고 어떤 생각이 들었는가? 역세권 아파트의 주요 투자 포인트라 할 수 있는 착공 시점을 기준으로 수요가 집중되면서 이전보다 가파른 상승세가 이어졌다. 그리고 그 후 수도권 평균보다 더 큰 폭의 하락 거래가 있었다. 이것은 무엇을 의미

● 비산e편한세상 가격 변동 추이 ●

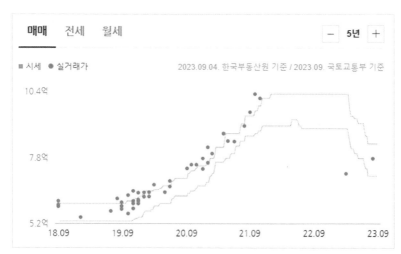

출처: 네이버부동산

● 비산삼성래미안 가격 변동 추이 ●

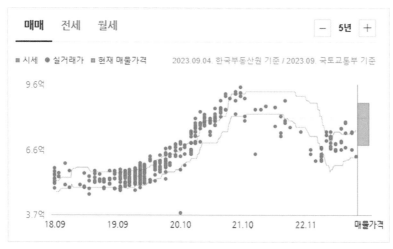

출처: 네이버부동산

할까? 이는 착공 시점에 맞추어 실거주자보다 투자자가 상대적으로 더 많이 진입했다는 뜻이다. (투자자가 많은 단지에서 평균보다 더 큰 하락이 발생하는 이유는 파트 3에서 더욱 자세히 알아보자.) 정리하면, 두 아파트는 여전히 미래가치가 있으며, 투자자들이 꾸준히 관심을 가지고 지켜보고 있다. 따라서 앞으로도 주요 공사 시점에 따라 직접적인 영향을 받을 것이다.

자, 지금부터는 실거주 관점과 투자 관점으로 구분해 생각해 보자. 냉정히 말해 월판선은 2021년에 착공했지만, 공정률이 저조한 상태에서 도중에 사업비 증가로 적정성 검토를 다시 받았기 때문에 사실상 본 착공 시점은 2023년으로 봐야 한다. 월판선은 일반전철 노선보다 복잡한 공법이 필요한 초고속 전철이므로 개통 시점은 2030년 이후로 예상할 수 있다.

이런 상황에서 두 아파트를 실거주 관점에서 본다면, 앞으로 부동산 시장 상황에 따라 다소 조정을 받거나 정체되는 구간이 올 수는 있으나, 개통 시점까지 꾸준히 상승할 것이므로 반등하는 현시점에 진입하는 것이 좋다.

그렇다면 투자 관점에서는 어떨까? 개통 시점까지 너무나도 많은 기간이 남아 있다. 장기 보유하다 하필 집값 조정기에 전세 만기일이 도래하면 큰 낭패를 볼 수도 있다. 따라서 개통 시점까지 보유한다고 생각하기보다는 스스로 목표수익률을 정하는 것이 좋다. 예를 들어, '나는 저점에 비해 다소 오른 8억 원에 매수했으니 15% 오른 9억 2,000만 원이 되면 무조건 팔겠다'와 같이 나만의 매도 기준을 정하는 것이다. 필자는 이런 매도 방식을 선호한다. 거래라는 것은 내가 보유한 매물을 통해 나도 이익을 얻지만, 이어받을 사람 또한 기대수익이 남아 있어야 성사되는 것이다. 나만의 기준을 정해두면 미련 없이, 마음 후련하게 매도할 수 있다.

개통 시점이 아쉬운
4호선 진접 연장

4호선 진접 연장 노선은 2022년 3월에 공식적으로 개통했다. 기존 종점인 당고개역에서 출발해 별내별가람역 – 오남역 – 진접역까지 먼저 3개 역을 개통하고, 진접2지구에 위치할 풍양역은 진접2지구와 왕숙신도시의 본격적인 입주 시기에 맞추어 추후에 개통할 것으로 보인다.

그런데 개통 시점을 자세히 보자. 2022년 3월이다. 이 시기에 부동산 시장에는 어떤 일이 벌어졌는가? 기준금리 단기 급등으로 거래 절벽이 이어졌다. 그리고 2023년 5월 윤석열 대통령이 발표한 다주택자 양도소득세 중과 유예 정책으로 집값이 폭락하기 시작했다. 한마디

4호선 진접 연장 노선

로 4호선 신설역 주변 아파트는 4호선 진접 연장 노선 개통으로 누릴 수 있는 프리미엄을 전혀 누리지 못했다.

더욱이 4호선 자체의 가치도 크지 않다. 남양주시의 적잖은 인구가 집중된 별내지구, 오남지구, 진접1지구 주민의 서울 직결노선이 하나 더 생겼다는 점은 고무적이지만, 개통으로 출퇴근 여건이 크게 개선될 것으로 보기는 힘들기 때문이다. 4호선을 이용해 서울로 진입하더라도 강북 지역을 돌고 돌아 일자리가 있는 지역까지 가야 한다.

배차 간격도 노선의 가치를 낮게 보는 이유다. 시점에 따라 조금 차이는 있지만, 당고개행 열차 3대마다 진접행 열차 1대꼴로 배치한다. 당고개역에서 출발하든, 진접역에서 출발하든 어쨌든 같은 선로를 이용하기 때문에 당고개역에서 출발하는 열차 3대를 추월할 수 없다. 출근 시간에 진접역에서 출발하는 열차를 촘촘하게 배차한다 해도 한계가 있을 수밖에 없다. 4호선 자체가 가치가 높은 노선이었다면 어느 정도 가격 방어가 가능했겠지만, 안타깝게도 지난 하락장에서는 주변 집값을 전혀 지켜주지 못했다.

앞으로 호재는 없나?

그렇다면 4호선의 가치도 높지 않고, 개통한 지도 상당한 시간이 흐른 시점이라면, 4호선 진접 연장 노선 주변 아파트가 앞으로 기대할 수 있는 호재는 전혀 없는 것일까? 현재까지 발표된 구리시와 남양주시의 철도 개발 계획을 보면, 해당 지역의 핵심 노선은 누가 뭐라 해도 8호선이다.

8호선은 노선 자체만으로도 가치가 높다. 구리시와 남양주시에서 이미 개통했거나 예정된 노선과 연계해 주변 교통 소외 지역까지 서울 접근성을 단숨에 높이는 역할을 기대할 수 있기 때문이다. 노선 자체만으로는 큰 가치를 기대하기 힘든 4호선을 8호선과 연계해 가치를 높일 수 있다는 점 때문에 오남 및 진접 주민들은 4호선 개통보다 8호선 연장선에 별내별가람역이 추가로 연장된다는 소식에 더욱 관심을 보이고 있다.

8호선 별내별가람역 연장,
어디까지 와 있나?

현재 8호선 별내별가람역 연장 계획은 4차 국가철도망구축계획에 포함되어 있다. 지금 당장 예비타당성조사를 통해 경제성을 평가해도 아무런 문제가 없는 상황이다. 그러나 그보다 먼저 진행되어야 할 것이 있다. 그것은 과연 무엇일까? 뼈대가 있어야 살을 붙이고 차체가 있어야 바퀴를 붙일 수 있듯, 8호선 별내별가람역이 연장되려면 모체가 되는 4호선 진접 연장과 8호선 별내 연장 노선 계획이 먼저 완료되어야 한다.

● 8호선 별내역과 별내별가람역 위치 ●

출처: 카카오맵

4호선 진접 연장 노선은 2022년 3월에 개통되었고, 8호선 별내 연장 노선은 큰 문제가 발생하지 않는 한, 2024년 6월경에 개통될 것이다. 따라서 8호선 별내별가람역에 대한 예비타당성조사는 8호선 별내 연장 노선이 개통된 이후에 진행될 것으로 보인다.

아직 확정된 것이 아니라고?

8호선 별내별가람역 연장과 관련해서는 기사가 수도 없이 나왔고, 부동산을 주요 콘텐츠로 다루는 유튜버와 블로거들이 앞다퉈 언급해 확정된 계획으로 알고 있는 사람이 많다. 하지만 실제로는 그렇지 않다. 8호선 별내별가람역 연장 계획 역시 예비타당성조사 대상이고, 예비타당성조사에서 경제성이 있다는 사실이 확인되어야 비로소 확정된 노선이라 할 수 있다.

따라서 개통 시기를 예측하는 것은 아무런 의미가 없다. 예비타당성조사 기간이 얼마나 될지는 그 누구도 예측할 수 없다. 한 번에 경제성을 인정받은 노선도 있지만, 10년 이상 아무런 진전 없이 표류하는 노선도 많다. 경전철이 아닌 일반전철 노선이 착공부터 개통까지 아무리 빨라도 5년 이상 소요되는 것을 생각하면 2030년 이내 개통은 힘들다고 보는 것이 맞다.

나는 진짜 돈이 되는 역세권 아파트에 투자한다

🏷️ 관심 있게 살펴봐야 할 지역

4호선 진접 연장 노선 역세권 중에서 8호선 별내별가람역 연장으로 수혜를 입을 지역은 어디일까? 4호선과 8호선이 예정된 별내별가람역은 4호선 연장선의 첫 번째 역이다. 따라서 별내별가람역 뒤에 있는 모든 정차역 주변 아파트는 같은 상황이며, 8호선 연장으로 모두 교통 여건이 획기적으로 개선된다고 볼 수 있다. 그중에서 아직 뚜렷한 계획이 없는 풍양역 주변을 제외하고, 세 정차역 주변은 거주 여건이 조금 차이가 있다.

일단 세 정차역 주변인 별내지구, 오남지구, 진접1지구는 모두 하나의 도시계획으로 조성된 택지지구다. 당연히 구도심보다 쾌적한 주거 환경이 마련되어 있다. 그런데 오남지구는 다른 두 택지에 비해 조성 시기가 빨라 상대적으로 오래된 아파트가 많다. 더욱이 다른 정차역은 택지 중간에 배치되어 주변 아파트에서 정차역까지의 접근성이 좋지만, 오남역은 오남지구 경계와 상당한 거리를 두고 있고, 대부분의 주변 아파트는 오남역까지의 접근성이 좋지 않다.

모두 조건이 비슷했다면 8호선 환승이 편리한 별내별가람역 〉 오남역 〉 진접역 순으로 평균 아파트 가격이 형성되었겠지만, 이런 특징 때문에 오남역 주변보다는 진접역 주변 평균 집값이 더 비싸다.

그렇다면 4호선 진접 연장 노선 중에서는 어느 지역, 어느 아파트를 관심 있게 살펴봐야 할까? 앞서 필자가 이야기한 내용을 종합해 보면 별내별가람역과 진접역 주변을 꼽을 수 있다.

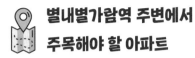

별내별가람역 주변에서 주목해야 할 아파트

먼저 별내별가람역 주변을 살펴보자. 8호선과 GTX-B노선 그리고 경춘선이 만나는 별내역과 4호선 별내별가람역은 직선거리로 3km 정도 떨어져 있고, 별내역은 별내지구 중심이 아닌 초입에 있다. 이런 특징 때문에 별내지구에 속한 아파트 전체가 별내역 개발의 영향을 받지 못하며, 실제로 별내역에서 가까울수록 평균 아파트 가격이 비싸고, 멀어질수록 저렴한 경향을 보이고 있다. 따라서 지금은 별내역 주변 아파트보다 별내별가람역 주변 아파트가 더 저렴하다. 별내별가람역 주변 아파트가 향후 8호선 개발 진행에 따라 별내역 주변 아파트와 비슷한 입지가 되면 현 시세 차이만큼 키 맞추기를 할 것이다.

더욱이 별내별가람역 주변에는 초등학교 인근에 있는 임대 아파트 단지를 제외하면 초등학교를 품고 있는 단지가 없다. 따라서 이 일대 아파트 단지들은 초등학교 접근성이 아닌, 세대수가 가장 많고 가장 신축이면서 주변에 큰 공원과 편의시설을 끼고 있는 아파트가 지역 시세를 주도할 수밖에 없다. 별내별가람역 주변에서는 별내아이파크2차를 주목하자.

별내아이파크2차

그렇다면 별내아이파크2차는 그동안 어떤 가격 변동 추이를 보였을까? 이 아파트의 전용 84타입은 지난 상승장의 정점이었던 2021년 후반에 9억 3,000만 원까지 거래된 이후 하락장의 바닥이라 할 수 있

　　　　　　　　나는 진짜 돈이 되는 역세권 아파트에 투자한다

4호선 별내별가람역과 별내아이파크2차

출처: 카카오맵

는 2023년 초에 6억 8,000만 원에 거래되기까지 거래가 전혀 이루어지지 않았으며, 현재 최저 실거래가 대비 10% 정도 상승한 상태다.

지금까지 필자가 이 책에서 주의 깊게 살펴봐야 할 아파트로 소개한 단지들과 다른 점을 알겠는가? 그것은 바로 최고점과 최저점 사이약 1년 반 동안 해당 면적의 거래가 전혀 이루어지지 않았다는 점이다. 혹시 해당 면적이 세대수가 얼마 되지 않아 표본이 적어서 그랬던것일까?

별내아이파크2차는 1,083세대 대단지이고, 그중 전용 84타입은전체의 70% 정도를 차지하고 있다. 그리고 전용 84타입 중에서도A타입만 350세대가 넘는다. 결코 표본이 적지 않다. 그런데도 거래가

● 별내아이파크2차 가격 변동 추이 ●

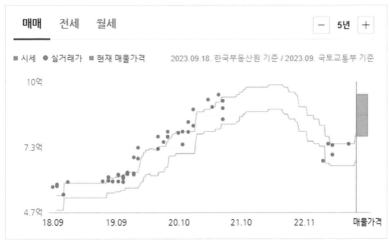

출처: 네이버부동산

전혀 이루어지지 않았던 것을 어떻게 이해할 수 있을까? 더욱이 거래 가 전혀 이루어지지 않았던 시점의 중심이라 할 수 있는 2022년 3월 에는 4호선 진접 연장 노선이 개통되는 호재가 있었다.

표본수도 많고, 도중에 4호선이 개통되었음에도 거래량이 없었던 이유는 투자자들의 눈에는 4호선 개통이 그다지 큰 호재로 인식되지 않았기 때문이다. 만약 투자자들이 호재로 인식했다면 강력한 부동산 시장 흐름 때문에 실거래가가 계속 떨어졌을지언정 다른 아파트들처 럼 조금이라도 거래가 이루어졌을 것이다.

따라서 별내아이파크2차는 투자 관점으로만 접근하기에는 무리 가 있다. 최근 매매가가 10% 정도 반등할 동안 전세가가 따라와 주지 못하는 것도 투자하기에 좋은 여건이 아니다. 매매가와 전세가 차이가

나는 진짜 돈이 되는 역세권 아파트에 투자한다

더 벌어졌다는 의미다. 이 아파트는 별내별가람역 주변의 대장 아파트이므로 다음 호재가 있을 때까지 장기적으로 거주하면서 동시에 시세차익을 얻는다는 생각으로 편안하게 접근하는 것이 바람직하다.

참고로 별내지구 인근에는 대표적인 3기 신도시인 왕숙신도시가 예정되어 있다. 예정된 물량이 많아 입주가 완료될 때까지 불가피하게 주변 아파트 가격에 직간접적으로 영향을 미칠 가능성이 크다. 하지만 별내지구는 왕숙신도시보다 입지적 우위에 있으므로 조정폭과 기간이 그리 크지 않을 것이다. 따라서 실거주 관점에서 접근했다면 왕숙신도시 입주 시기와 상관없이 장기적으로 거주해도 무방하다.

진접역 주변에서 주목해야 할 아파트

지금부터는 진접역 주변을 살펴보자. 진접역 주변은 비록 서울 업무 중심지까지 물리적 거리가 멀지만, 이미 진접1지구 조성이 마무리되어 경기도 외곽의 조용하고 깔끔한 소규모 택지지구의 모습을 하고 있다. 필자는 개인적으로 남양주시를 참 좋아하는데, 특유의 광활한 면적과 끊임없이 이어지는 자연환경이 일품이기 때문이다. 남양주시 외곽에 있는 진접역 주변 아파트는 깨끗한 택지지구의 쾌적함과 남양주시 자체가 주는 자연환경이 적절히 어우러져 편안함이 느껴진다. 진접역과의 접근성과 주변 입지를 고려했을 때 진접역 주변에서는 예당마을신안인스빌을 주목할 필요가 있다.

예당마을신안인스빌

그렇다면 예당마을신안인스빌은 그동안 어떤 가격 변동 추이를 보였을까? 예당마을신안인스빌은 1,240세대 전체가 전용 84타입으로 구성된 것이 매력적이다. 가장 선호도가 높은 면적으로 대단지를 구성했기에 투자자들은 물론이고, 실거주자들에게 많은 관심을 받고 있다.

그런데 지난 상승장의 정점이었던 2021년 후반에 최고가로 거래되었고, 하락장의 바닥이라 할 수 있는 2023년 초에 가장 낮은 가격에 거래된 이후 10% 남짓 반등한 것까지는 별내별가람역 별내아이파크2차와 가격 변동 추이가 비슷하다.

그러나 결정적인 차이가 있다. 그것은 상승장의 정점과 하락장의 저점 사이에 많은 거래가 있었다는 점이다. 이 현상은 별내아이파크2차와 반대로 생각할 수 있다. 이는 예당마을신안인스빌의 전세가율이 높아 실제 투자 자금이 적게 필요하기 때문이다.

현재 이 아파트는 1억 원 내외로 진입이 가능할 정도로 높은 전세가율이 형성되어 있다. 단지 바로 앞에 진접역과 더 가까운 진접신도브래뉴도 있지만, 투자 관점에서는 예당마을신안인스빌이 더 적합하다. 왜일까? 진접신도브래뉴는 전 세대가 중대형 면적으로 구성되어 있기 때문이다. 앞서 이야기했듯 중대형 면적은 중소형 면적 대비 선호도가 떨어진다. 서울 3급지 이상이라면 중대형 면적도 꾸준한 수요를 기대할 수 있지만, 냉정히 말해 진접역 주변은 중대형 면적에 대한 안정적인 수요를 기대하기 힘들다. 따라서 투자 관점이라면, 예당마을신안인스빌을 우선적으로 고려하는 것이 바람직하다.

그렇다면 적절한 매도 시점은 언제일까? 이 아파트가 소재한 진

● 4호선 진접역과 예당마을신안인스빌 ●

출처: 카카오맵

● 예당마을신안인스빌 가격 변동 추이 ●

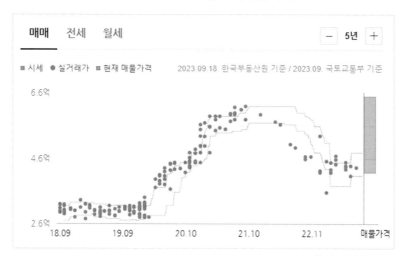

출처: 네이버부동산

접1지구는 왕숙신도시보다 입지적 열세에 있다. 그리고 남양주시에는 약 9만 세대가 왕숙1지구와 왕숙2지구 외에도 양정역세권개발, 진접 2지구, 퇴계원군부지개발, 덕소재개발에서 각각 대기하고 있다. 진접 1지구는 이들 지역보다 입지적 우위에 있다고 보기 힘들다. 따라서 매도 시기를 잘못 맞추면 앞서 소개한 별내지구와 달리 상당한 수요가 빠져나가 팔고 싶어도 팔지 못하고 어려움을 겪을 수 있다. 이 아파트를 투자 목적으로 생각한다면 왕숙신도시 진행 상황을 수시로 살펴야 하며, 본격적인 입주가 시작되기 1~2년 전에는 구체적인 매도 계획을 세우는 것이 좋다.

남양주시의 인구는 인근에 있는 구리시의 인구와 합해도 80만 명이 조금 넘는 수준이다. 그런데 향후 남양주시에 예정된 물량이 약 9만 세대라면 가구당 3명으로만 단순 계산해도 27만 명이 입주하게 된다. 인근 도시까지 합쳐 80만 명이 조금 넘는 지역이 27만 명을 감당하려면 어느 정도의 시간이 필요할까? 분명 현 인구 대비 엄청난 물량이다.

신규 물량이 예정된 지역보다 입지적 열세에 있는 지역은 미리 처분 계획을 세울 필요가 있다. 같은 개발 호재의 영향을 받는 지역이라 해도 세부 조건에 따라 어떤 지역은 실거주에 적합하고, 또 어떤 지역은 투자에 적합하다는 사실을 알아야 한다. 그리고 단순히 공급 물량의 많고 적음을 생각하기보다 입지적 우열을 따져 나만의 기준을 명확하게 세워두어야 한다.

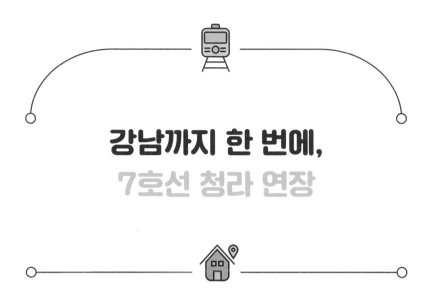

강남까지 한 번에,
7호선 청라 연장

7호선 청라연장선은 기존 7호선 서부 종점인 석남역에서 이미 공항 철도가 연결된 청라국제도시의 청라국제도시역까지 7개 정차역을 설치하는 노선으로, 2022년 2월 본격적으로 전 구간을 착공했다. 이는 2006년부터 추진되기 시작했으나, 상당 기간 경제성을 확보하지 못해 표류하다 2017년 12월 극적으로 경제성이 있음을 인정받으며 당당히 예비타당성조사를 통과했다. 일반철도의 공사 기간이 4~8년인 것을 고려했을 때, 공사를 중단 및 답보 상태에 빠지게 만들 중대한 문제가 발생하지 않는 한, 2028~2030년쯤 개통할 것이라 예상된다. 현재 전체 공정률은 12% 정도인 것으로 알려져 있다.

● 7호선 청라 연장 노선도 ●

검바위
아시아드
경기장
인천아시아드주
경기장
6 종점
청라국제도시
5 4 3 002-1
수도권제2순환
고속도로
가정2동
002 가정
청라3동
가정중앙시장
002
석남
석남2동
시점

착공 시기가
아쉽다

필자는 7호선 청라 연장 노선 역시 오랜 기간 우여곡절 끝에 경제성
을 인정받은 만큼, 2022년 2월 착공 시기가 조금 아쉽다는 생각이 든

다. 보통 철도 개발 호재가 집값에 영향을 미치려면 계획 확정, 착공, 개통 후 시장이 호재를 받아들이는 시간이 3~6개월 정도 필요하다. 그런데 하필 그때 거래절벽 상태가 이어지다 윤석열 정부의 다주택자 양도소득세 중과 유예 정책이 발표되면서 시장에 매물이 쏟아져 나왔다. 한마디로 청라국제도시의 아파트 가격은 강력한 부동산 시장 흐름으로 7호선 착공의 혜택을 전혀 보지 못했다고 할 수 있다.

인위적으로 착공 시점과 부동산 시장 흐름을 딱 맞출 수도 없는 노릇이니, 개발 호재의 주요 공사 시점과 시장 흐름이 잘 맞물려야 최대 효과를 누릴 수 있다는 것을 보여준 좋은 예다.

주가 정차역의 필요성

그런데 2024년 개장을 앞둔 스타필드청라 인근에 2만 석 규모의 돔구장을 건설하고, 동시에 청라의료복합타운과 하나드림타운 조성 사업이 확정되면서 국제업무지구역과 청라국제도시역 사이에 정차역을 추가해야 한다는 주장이 나왔다. 국제업무지구역과 청라국제도시역 간 거리는 3km가 넘었다. 중간에 정차역을 추가하기에 간격이 참으로 이상적이었다. 따라서 인천광역시는 기존 노선을 우회하는 것으로 변경해 추가역을 신설할지, 기존 노선은 그대로 두고 적당한 위치에 추가역을 신설할지 주민들에게 의견을 물었고, 결국 최종적으로 후자를 선택했다.

그런데 추가 정차역 때문에 7호선 청라 연장 노선 개통 시기가 미루어질 수 있다는 우려의 목소리도 있었다. 신설 노선에 추가 정차역을 설치할 때는 기존 노선은 먼저 개통하고 추가 정차역은 무정차 상태로 운영하는 방식과, 개통이 다소 지연되더라도 모든 정차역의 공사를 완료하고 동시에 개통하는 방식이 있는데, 최근 개통한 신설 노선은 후자를 선택한 사례가 많다. 추가 정차역의 필요성은 잘 알겠으나 이로 인해 개통이 수년간 연기된다면, 지역 주민들의 반발을 살 가능성이 크다.

그러나 7호선 청라 연장은 기존 노선은 계획대로 진행하고, 국제업무지구역과 청라국제도시역 사이에 들어올 추가 정차역은 별도의 공사 계획대로 진행하기로 최종 결론이 났다. 즉 기존 노선은 먼저 개통하고 추가 정차역은 무정차 상태로 운행하다 공사가 완료되는 대로 전체 노선을 정상 운행한다는 방침이다.

관심 있게 살펴봐야 할 지역

그렇다면 7호선 청라 연장 노선의 집중 수혜 지역은 어디일까? 비록 7호선 청라 연장 노선이 별도의 환승 없이 강남까지 직결된다고는 하나, 강남에 접근하기까지 수많은 역을 경유하는 완행노선이다. 더욱이 청라국제도시에서 인천 구도심을 한참 지나 서울 경계까지 와서야 비로소 1호선과 2호선으로 환승을 할 수 있다.

환승 시스템도 그다지 효율적이지 않다. 즉 노선 자체의 가치는 크지 않다고 보는 것이 타당하다. 그러나 외부로 통하는 노선이 전혀 없는 상황에서 신설되는 노선이므로 광역교통 여건을 개선하는 효과는 분명히 있다. 따라서 구도심에 위치할 001역이나 주변에 아파트가 거의 없는 다른 역보다는, 청라국제도시 중심에 위치해 있고 신축 아파트 단지가 집중되어 이용 수요가 많은 003역 주변을 관심 있게 살펴봐야 한다.

 ## 003역 주변에서 주목해야 할 아파트

003역 주변을 살펴보자. 7호선 청라 연장 노선은 아직 각 역명이 확정되지 않았기에 현재 공식적으로 사용하는 임시 번호를 역명으로 대신한다. 사실 003역 주변뿐 아니라 청라국제도시 주거밀집지역의 면적 자체가 넓지 않아 주변 아파트 대부분이 역세권 범위 내에 들어온다. 이런 상황이라면 아파트의 세대수, 연식, 초등학교 접근성 등 부수적인 요소에 따라 시세 차이가 극명하게 발생할 것이다.

앞서 소개한 동탄신도시와 전혀 다른 양상이라고 볼 수 있다. 동탄신도시는 면적이 넓어 동탄역 수혜 지역이 매우 제한적이고, 10년 이상 된 아파트도 접근성이 좋다는 장점 때문에 동탄2신도시 외곽 신축 아파트보다 가격이 비싸다. 차이를 알겠는가? 따라서 청라국제도시에서 7호선 청라 연장 노선 범위 내에 들어오는 아파트를 선택할 때는 세대수가 많을수록, 초등학교 접근성이 좋을수록, 준공 날짜가 얼마 되지 않은 신축일수록 현재가치와 미래가치가 높을 수밖에 없다. 그러므로 이 조건들을 충족하는 아파트를 선택해야 한다.

청라제일풍경채2차에듀앤파크

003역 주변에서는 어떤 아파트를 관심 있게 살펴봐야 할까? 청라제일풍경채2차에듀앤파크를 살펴보자. 이 아파트의 전용 84타입은 지난 상승장의 정점이었던 2021년 후반에 9억 4,000만 원에 거래된 이후 2022년 후반에 바닥을 찍고 다시 회복되고 있다.

여기서 눈여겨볼 것은 7호선 청라 연장 노선이 착공한 2022년 2월 이후의 가격 변동이다. 7호선 청라 연장 노선이 비록 가치가 높지

• 7호선 003역과 청라제일풍경채2차에듀앤파크 •

출처: 카카오맵

나는 진짜 돈이 되는 역세권 아파트에 투자한다

않은 노선이라고는 하지만, 정상적인 부동산 시장 흐름이었다면 이 기간을 기준으로 이후 몇 개월 사이에 발생한 거래에서 이전 고점보다 높은 가격이 나왔어야 했다.

그러나 안타깝게도 착공 시점과 기준금리 단기 급등 시점, 다주택자 양도소득세 중과 유예 정책 발표 시점이 맞물리는 바람에 주변 아파트가 착공 프리미엄을 전혀 누리지 못했다. 착공 이후부터 바닥을 다지기까지 지속적인 하락 거래가 나온 것은 2022년 후반에 대부분 거래가 없었던 다른 지역 아파트에 비하면 꾸준한 관심을 받았다는 증거이기에 더욱 아쉬움이 남는다.

청라제일풍경채2차에듀앤파크는 2017년 준공으로 003역 주변에서는 신축에 속하며, 1,581세대 대단지에 초등학교를 단지 내에 품

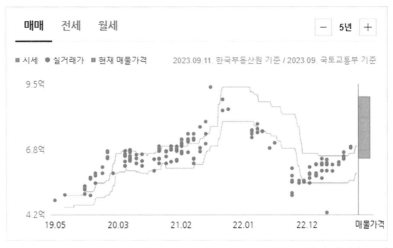

● 청라제일풍경채2차에듀앤파크 가격 변동 추이 ●

출처: 네이버부동산

고 있는 초품아다. 바로 아래에 위치한 청라센트럴에일린의뜰이 1년 정도 더 새 아파트이지만 초등학교 등교를 위해서는 큰길을 건너야 한다는 점 때문에 평균 가격이 비슷하고, 2010년대 초반에 준공한 주변 아파트에 비해서는 월등히 비싸다. 청라제일풍경채2차에듀앤파크는 앞으로도 이 지역 시세를 주도할 것이다.

다만 이미 착공에 의한 프리미엄은 사라졌고, 개통까지는 너무 많은 시간이 남아 있다. 따라서 이 아파트에 관심이 있다면 7호선 청라 연장 노선의 향후 진행 상황보다는 철저하게 부동산 시장 변화에 집중해 매도 시기를 정해야 한다.

단 신중하게 생각해야 한다. 필자는 청라국제도시에 반드시 살아야 할 이유가 있다면 이 아파트를 선택하는 것이 좋다고 생각한다. 하지만 실거주 의사가 없는 투자 목적이라면 다른 지역에 투자하는 것을 권한다. 거래량이 늘어나고 부동산 시장 분위기가 살아나고 있는 지금 시기에는 특별한 호재가 없는 청라국제도시보다 이 책에 소개한 미래가치가 뛰어난 노선 중에서 가까운 미래에 착공 또는 개통을 앞둔 지역에 투자하는 것이 더욱 효율적이라고 하기 때문이다. 비슷한 자금을 묶어놓을 계획이라면 다양한 매도 전략이 나오는 곳이 더욱 좋은 투자처다.

나는 진짜 돈이 되는 역세권 아파트에 투자한다

호재라고 볼 수 있을까?
서해선 대곡소사선, 일산연장선

서해선의 북부 노선은 소사역부터 대곡역까지 이어지는 대곡소사선과 대곡역부터 일산역까지 이어지는 일산연장선으로 구분된다. 대곡소사선 구간은 2023년 7월에, 일산 연장 구간은 2023년 8월에 개통했다. 따라서 서해선은 대곡소사선과 일산연장선을 구분해서 생각해야 한다.

먼저 대곡소사선은 6개 역만 연결하는 짧은 노선이지만, 교통의 요충지라 할 수 있는 대곡역과 김포공항역을 종으로 연결해 그동안 교통에서 소외되었던 지역의 환승 효율을 높인다는 점에서 의미가 있는 노선이라 할 수 있다. 그런데 일반적으로 기존에 없던 전철노선이

대곡소사선과 일산연장선으로 구분되는 서해선의 북부 노선 ●

나는 진짜 돈이 되는 역세권 아파트에 투자한다

생기면 그 노선의 영향으로 교통 여건이 개선되는 지역에서는 집값이 오를 것이라고 기대하기 마련이다.

대곡소사선 개통, 집값에 영향을 미칠까?

결론부터 말하면, 대곡소사선 개통만으로 당장 집값이 크게 흔들릴 가능성은 적다. 이유는 크게 2가지다. 첫 번째 이유는 서울 직결노선이 아니기 때문이다. 비록 여러 노선이 겹치는 대곡역과 김포공항역으로 연결해 환승 효율을 높일 것이 예상되지만, 해당 역에서 환승을 해도 서울 업무 중심지까지는 여전히 많은 시간이 소요된다. 서울 직결노선이 아닌 노선이 가치가 있으려면 환승을 통해 서울 업무 중심지까지 접근성이 개선되어야 하는데, 그렇지 못하다.

두 번째 이유는 너무 넓은 배차 간격 때문이다. 현재 대곡소사선은 출근 시간에는 13분 간격으로, 그 외 시간에는 20분 간격으로 운행되고 있다. 13분의 배차 간격은 많은 유동인구를 신속하게 수송하기에는 다소 무리가 있을 정도로 길다. 대표적인 예로 배차 간격이 긴 경춘선과 경의중앙선은 개통된 이후에도 주변 아파트 가격에 큰 영향을 미치지 못했다.

어쨌든 효율을 떠나 교통 소외 지역에 새로운 노선이 개통되었다는 것은 긍정적인 일이다. 대곡역에 예정된 GTX-A노선과 부천종합운동장역에 예정된 GTX-B노선까지 연계되고, 나아가 배차 간격까지 합리적인 수준으로 조정된다면 더욱더 긍정적인 효과를 기대할 수도 있을 것이다.

일산 연장 노선의 특이한 배차 간격

그런데 대곡소사선 일산 연장 노선은 조금 특이한 상황이다. 대곡소사선의 종점인 대곡역에서 일산역까지 서해선을 연장하는 노선인데, 이역시 기존에 없던 노선이 새로 생긴다는 이유로 겉으로 보기에 일산에 호재가 될 것 같지만 내용을 자세히 들여다보면 그렇지 않다.

조금 더 자세히 설명하면 배차 간격이 특이하다. 현존하는 전철노선은 대부분 출근 시간에 배차를 더 많이 한다. 배차 간격을 좁힌다는 뜻이다. 그런데 대곡소사선 일산 연장 노선은 반대로 출근 시간에 배차 간격이 늘어나고, 그 외 시간에 배차 간격이 줄어든다. 왜 이런 특이한 형태가 된 것일까?

경의중앙선 운행을 방해한다?

처음에는 대곡소사선 일산 연장 노선의 출근 시간 배차 간격을 20분대로 계획했다. 하지만 시운전 후 결국 50분 이상으로 결정되었다. 출퇴근 시간 배차 간격이 20분대인 것도 효율적이지 않은데 한술 더 떠서 50분대라니! 비효율을 넘어 '노선 자체가 존재할 이유가 있을까' 하는 생각이 들게 한다.

　그렇다면 왜 이런 결과가 나온 것일까? 기존 경의중앙선의 운행을 방해할 여지가 있기 때문이다. 대곡소사선 일산 연장 노선은 부족한 경제성을 충족하기 위해 선로 개설과 열차 마련 없이 경의중앙선의 기존 선로와 열차를 공유하는 방식으로 계획되었다. 즉 무늬만 대곡소사선 일산 연장 노선일 뿐, 있으나 마나 한 노선이나 다름없다. 이런 운영 방식은 사업비와 운영비가 크게 줄어들어 경제성을 확보하기에는 유리하지만, 결국 경의중앙선의 운행 간격이 줄어드는 시간대에만 이용할 수 있다는 납득하기 힘든 결과를 만들었다.

　신설 철도를 개설하는 목적은 해당 지역의 교통 여건을 개선하고, 이전 교통수단 대비 이동 효율을 높이는 것이다. 그런데 대곡소사선 일산 연장 노선이 가져다준 편의는 도대체 무엇인가?

 ## 해결 방법은
없나?

해결책을 찾으려면 왜 이런 문제가 발생했는지부터 짚어봐야 한다. 기존 경의중앙선에 배정된 열차가 10대라고 가정해 보자. 대곡소사선 일산 연장 노선 운행을 위해 그중 2~3대를 대곡소사선 열차로 쓰게 되면서 발생한 문제라면, 배차 간격이 비정상적으로 늘어나는 문제를 해결하고자 대곡소사선 일산 연장 노선 운행을 위한 목적으로 열차를 추가하면 된다. 경의중앙선은 기존대로 10대를 유지하고, 대곡소사선 일산 연장 노선 운행을 위해 5~6대를 새로 마련하는 식이다.

이와 같이 해결하는 것이 가장 현실적이지 않은가? 하지만 생각보다 그리 간단한 문제가 아니다. 사업비와 운영비를 줄여 사업성을 확보한 만큼, 신규 열차를 마련하려면 막대한 자금을 별도로 조달해야 한다. 누가 주체가 되어 자금을 마련하느냐도 문제다. 이대로 운영하면 분명 있으나 마나 한 노선으로 전락할 것이고, 문제를 해결하기 위해 자금을 마련하려면 많은 시간과 조율이 필요할 것이다. 단기간에 쉽게 해결될 문제가 아닌 것은 분명하다.

 ## 관심 있게 살펴봐야 할 지역

앞서 서해선은 대곡소사선과 일산연장선을 구분해서 생각해야 한다고 이야기했다. 그리고 일산연장선은 신규 노선으로서의 장점이 전혀 없다는 것을 자세하게 설명했다. 따라서 관심 있게 살펴봐야 할 지역에서는 논외로 한다.

그렇다면 서해선 대곡소사선 구간에서는 어느 지역을 관심 있게 살펴봐야 할까? 서해선 대곡소사선은 노선 자체의 가치보다는 경기 서부 지역을 종으로 횡단하면서 환승을 통해 그동안 교통에서 소외되었던 지역의 서울 접근성을 높인다는 점에서 가치가 있다. 따라서 한

정거장만 이동하면 GTX 같은 고속전철을 이용할 수 있고, 그로 인해 서울 접근성이 획기적으로 좋아지는 지역을 관심 있게 살펴봐야 한다. 이러한 의미에서 본다면 능곡역 주변을 꼽을 수 있다.

한라비발디리버

그렇다면 능곡역 주변에서는 어떤 아파트를 관심 있게 살펴봐야 할까? 필자는 한라비발디리버를 추천한다. 이 아파트의 전용 84타입은 지난 상승장의 정점이었던 2021년 후반에 7억 3,000만 원에 거래된 이후 하락장의 바닥이었던 2022년 후반에 4억 8,000만 원까지 하락하는 동안, 비록 하락 거래이긴 했지만 여러 건의 거래가 있었다. 이를

● 서해선 능곡역과 한라비발디리버 ●

출처: 카카오맵

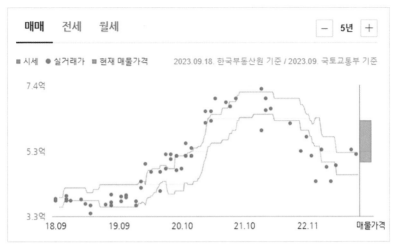

출처: 네이버부동산

통해 투자자들의 관심을 꾸준히 받았다는 사실을 짐작할 수 있다.

한라비발디리버는 482세대로 규모는 크지 않지만, 전 세대가 선호도가 가장 높은 전용 84타입으로 구성되어 있다는 점이 장점이다. 더욱이 초등학교를 품고 있고, 자연적으로 형성된 구도심에 둘러 싸여 있어 실거주하기에 괜찮은 환경이다.

서해선 대곡소사선을 이용해 능곡역에서 대곡역으로 한 정거장만 이동하면 GTX-A노선으로 단숨에 강남권에 진입할 수 있다. 2022년 후반 최저 거래 가격보다 10% 정도 상승한 현시점에 진입해도 좋다. 향후 GTX-A노선 운정~서울역 구간이 개통되면 다시 한번 아파트 가격이 탄력을 받을 것이다. GTX-A노선 운정~서울역 구간은 수서~동탄 구간보다 6개월 정도 늦게 개통될 예정이므로, 지금부터 GTX-A

노선 개통 이전까지를 적절한 매수 시기로 보고 접근하는 것이 바람직하다.

다만 능곡역 인근에는 3기 신도시인 창릉신도시가 예정되어 있다. 현재 능곡역 주변을 포함한 고양시 소재 주변 택지지구의 인구를 봤을 때 창릉신도시에 예정된 물량은 크게 부담되는 수준이 아니다. 그러나 창릉신도시 입주가 마무리될 때까지 전세가가 일시적으로 조정을 받을 가능성이 있으며, 마침 그때 내가 투자한 아파트의 전세 계약이 만료된다면 자금을 마련하지 못해 급매로 던져야 할 수도 있다. 소위 말해 '영끌'로 투자했거나 단기간에 추가 자금을 마련하기 힘들다면 본격적인 입주가 시작되기 1년 전에 구체적인 매도 계획을 세우는 것이 좋다. 만약 실거주 목적으로 진입했다면 창릉신도시 입주와 상관없이 장기적으로 보유해도 무방하다.

가까운 미래에 확정된
수익을 보고 진입하자

이번 챕터에서는 각 노선의 특징과 그 특징을 참고해 관심 있게 살펴볼 지역을 자세히 소개했다. 그러나 소개한 노선들은 거시적인 관점에서 보면 '개통'이라는 공통점을 가지고 있으나, 세부적으로는 상황이 모두 달랐다.

필자가 강조한 내용을 통해 노선이 곧 개통된다고 해서 무조건 호재로 볼 것이 아니라, 겉으로는 비슷해 보여도 각 노선 및 지역의 차이를 이해할 수 있어야 한다. 어떤 노선은 개통 시점과 부동산 시장 회복이 맞물려 조정받았던 주변 아파트 가격을 빠른 속도로 회복시켰고, 어떤 노선은 안타깝게도 착공 및 개통 시점이 거래절벽이던 시점과 맞물려 아무런 수혜를 가져다주지 못했다.

그리고 적절한 시기에 진입했더라도 주변 개발 상황이 아파트 가격에 악영향을 미치기도 하고, 반대로 도움이 되기도 한다. 따라서 역세권 투자를 할 때는 해당 노선의 가치, 다른 노선과의 연관성, 착공 및 개통 시점, 당시 부동산 시장 상황, 주변 개발 계획 등을 종합적으로 살펴봐야 투자 효율을 극대화할 수 있다.

개통을 앞둔 역세권 아파트라 해서 모두 투자 대상이 되는 것이 아니다. 해당 아파트의 가격 변동 추이와 거래 패턴 등을 살펴 투자에 적합한 아파트인지, 실거주에 적합한 아파트인지 구분할 수 있어야 구체적인 계획을 세우고 성공의 길을 걸을 수 있다.

자, 지금까지 완벽하게 학습했다면 이제 실행으로 옮기는 단계만 남았다. 명심하자! 개통을 앞둔 노선의 역세권 투자는 가까운 미래에 확정된 수익을 보고 진입해야 한다. 각 노선과 주변 아파트의 특징을 세분화해 효과적인 전략을 세운다면 가까운 미래에 확정된 수익을 내 것으로 만들 수 있다.

CHAPTER 2

가장 큰 수익을 기대할 수 있는
착공을 앞둔 노선

양주와 의정부를
서울 생활권으로,
GTX-C노선

GTX-C노선은 2014년에 예비타당성조사에서 탈락한 바 있다. 이후 부족한 경제성을 선로를 신설하는 대신 기존 1호선 선로를 상당 부분 공유하는 방식으로 전체 사업비를 축소했다. 결국 2018년에 최종적으로 예비타당성조사를 통과했고, 추가적인 절차를 신속하게 마무리해 2021년에 착공하는 것으로 잠정 결론을 내렸다.

그러나 각 지자체에서 나름의 근거를 들며 정차역 추가 설치를 요구하기 시작했다. 각 지자체가 제시한 정차역 추가에 대한 경제성을 검토하느라 약 2년의 시간이 흘렀고, GTX-C노선의 민자구간을 담당할 민간사업자가 신규 정차역 설치에 대한 비용을 전액 부담하는 것을 전제로 기존 10개 역에 왕십리역, 인덕원역, 상록수역, 의왕역을 추가하기로 했다. 그리고 마침내 2023년 7월 기획재정부 민간투자사업 심의를 통과하면서 착공을 위한 모든 준비를 마쳤다.

● GTX-C 노선도 ●

　　　　　나는 진짜 돈이 되는 역세권 아파트에 투자한다

언제 개통을
기대할 수 있을까?

GTX-C노선은 민간투자사업 심의위원회 검토까지 마친 상태이기에 당장 착공해도 아무런 문제가 없으며, 2024년 1월 공식적으로 착공식을 거행했다. 그렇다면 언제쯤 개통을 예상할 수 있을까? 일반적으로 우리가 출퇴근 시간에 이용하는 일반전철은 착공부터 개통까지 4~5년 정도가 걸린다.

그러나 GTX는 더 빠른 속도를 내야 하므로 일반전철보다 더욱 세밀한 공법이 필요하다. 당연히 일반전철보다 더 많은 시간이 필요하다. 그리고 공사 도중에 문화재가 출토되거나 GTX-A노선의 사례처럼 노선의 핵심 시설이라 할 수 있는 복합환승센터 건립 등이 지연된다면 노선 전체가 아닌 부분 개통으로 일정 기간 반쪽짜리 노선이 될 수도 있다. 따라서 2024년 중에 착공한다면 대략 6~7년 뒤인 2030년쯤에 부분 개통 정도는 가능할 것으로 예상한다.

양주신도시과 수원시의 아파트 가격이
유독 많이 오른 이유

최근 살아나는 부동산 시장 분위기를 생각하더라도 양주신도시와 수원시의 집값 오름세가 유독 눈에 띈다. 이유는 무엇일까? 크게 2가지 이유를 들 수 있다.

첫 번째 이유는 GTX의 특징 때문이다. GTX는 출퇴근 시간에 서울까지 너무 많은 시간이 소요되거나 출퇴근이 아예 불가능했던 수도권 외곽 지역을 서울까지 빠르게 이동할 수 있도록 하는 것이 목적이다. 서울 접근성이 좋아지면 입지가 크게 개선될 가능성이 크다. 신설 철도 노선 착공은 실제 눈에 보이는 단계이며, 이는 집값을 자극하는 매우 중요한 요소다. 양주신도시와 수원시의 집값이 많이 오른 것은 눈앞에 보이는 대형 호재를 놓치지 않고 투자자들이 발 빠르게 진입한 결과다.

두 번째 이유는 지난 하락기에 조정폭이 유난히 컸기 때문이다. 조정폭이 크다는 것은 다른 지역에 비해 투자자들이 많이 진입했다는 증거다. 투자자들은 부동산 시장 상황에 따라 자신이 보유한 아파트를 미래가치와 상관없이, 어쩔 수 없이 내던지기도 한다. 단기간에 떨어진 전세가를 감당하지 못한 투자자가 내던진 매물이 시장에 일시적으로 쌓이면서 가격 조정폭이 생각보다 컸다. 하지만 미래가치는 여전히 남아 있었기에 시장 분위기 개선과 함께 투자자들이 다시 몰려들었다.

대치동 은마아파트는 GTX-C노선 착공이 오히려 손해?

사실 GTX 같은 공익사업은 모두가 좋자고 하는 사업이지만, 그 사업으로 수혜를 입는 지역이 있는 반면, 겪지 않아도 되는 갈등을 겪는 지역도 있다. '대치동 은마아파트' 하면 무엇이 가장 먼저 떠오르는가? '강남의 비싼 아파트 중 하나' '대한민국 재건축의 중심에 서 있는 아

나는 진짜 돈이 되는 역세권 아파트에 투자한다

● 은마아파트 부지 지하를 관통할 예정인 GTX-C노선 ●

현재 A-C터널 상하 교차 지점
(터널 이격 20m 기준, 삼성역에서 500m 지점 교차)

삼성역
GTX-A
은마아파트
GTX-C
양재역
창동

출처: 은마아파트 재건축 추진위원회

파트'를 떠올리는 사람이 많을 것이다. 딱히 떠오르는 것은 없어도 어쨌든 우리나라 국민이라면 한 번쯤 들어봤을 유명한 아파트다. 그런데 GTX-C노선만 놓고 보면, 은마아파트는 수혜는 말할 것도 없고 오히려 희생을 해야 하는 매우 억울한 상황에 놓여 있다.

 ## 은마아파트 주민들이 GTX-C노선 지하 통과를 반대하는 이유

국토교통부는 노선의 효율을 생각해 GTX-C노선이 은마아파트 지하를 통과해야 한다고 주장하고 있고, 은마아파트 주민들은 우회할 것을 요구하며 팽팽하게 맞서고 있다. 물론 내부적으로 GTX-C노선 지하 통과를 반대하는 추가적인 이유가 있겠지만, 외부에서 보는 이유는 크게 2가지다.

첫 번째 이유는 주거시설 지하로 지하철을 통과시키는 등의 공익사업을 시행하는 자는 각 가구에 일정 수준의 보상금을 지급한 뒤 해당 토지에 구분지상권이라는 권리를 설정하게 되어 있기 때문이다. 쉽게 말해, 은마아파트 주민들은 얼마 되지 않는 보상금을 받고 자신이 소유한 땅에 원치 않는 권리를 설정해주어야 하는 상황이다. 사유재산에 타인의 권리가 설정되면 어떻게 될까? 아무래도 재산권 행사에 제한이 있을 가능성이 있고, 미미한 수준이더라도 아파트의 가치가 떨어질 수도 있다.

두 번째 이유는 합의를 거쳐 주거시설 지하로 지하철 선로를 개설하는 것을 강행하더라도 이후에 균열, 지반침하 등의 문제가 발생했을 때 현재로서는 피해를 구제해주는 법적 근거가 없기 때문이다. 실제로 인천광역시의 한 아파트 단지는 지하에 터널이 개설된 이후 각종 문제가 발생했고, 수년째 법적 분쟁을 이어오고 있다. 이런 사례가 있음에도 아무런 대안 없이 은마아파트 지하로 GTX-C노선을 통과시키겠다는 것은 쉽게 납득이 되지 않는다. 더욱이 GTX 노선 개설 공사는 더 많은 진동과 더 세밀한 공법이 필요한 만큼 지상의 주거시설에 부정적인 영향을 미칠 가능성이 크다.

나는 진짜 돈이 되는 역세권 아파트에 투자한다

확실한 대책이 필요하다

분명한 사실은 확실한 대책 없이 해당 주민들에게 희생만을 강요할 수 없다는 것이다. 앞으로도 각종 공사를 추진하면서 이와 비슷한 사례가 얼마든지 발생할 수 있다.

은마아파트 주민들이 GTX 노선 우회를 주장하는 건 결코 이기적인 것이 아니다. 물론 우리나라 국민이라면 공공의 이익을 위해 협조할 의무가 있지만, 그것은 어디까지나 합당한 보상이 따를 때 가능한 일이다.

은마아파트와 GTX-C노선 간 문제가 확실히 해결되지 않는다면, 앞으로 어느 누가 자신의 권리를 포기하면서까지 공익사업에 적극적으로 협조하겠는가? 아무리 공익사업이 영리를 위한 목적이 아니라 하더라도 사업이 지체될수록 커지는 손실은 결코 무시할 수 없다.

이 부분을 확실하게 매듭짓지 못한다면 착공 시기가 연기될 수도 있고, 합의를 거쳐 결국 착공이 된다 하더라도 해당 부분만 공정률이 떨어져 노선 전체 개통을 지연시키는 주된 원인이 될 수도 있다.

결론적으로, 은마아파트와 GTX-C노선 간 문제가 해결되지 않으면 은마아파트 주민들은 물론, GTX-C노선 개통을 기다리는 수많은 사람이 직간접적으로 피해를 볼 수밖에 없다. 그러므로 빠른 시일 내에 확실한 대책이 나와야 한다.

관심 있게 살펴봐야 할 지역

그렇다면 GTX-C노선이 착공을 앞둔 시점에서 어느 지역을 관심 있게 살펴봐야 할까? 먼저 GTX가 어떤 특징을 가진 노선인지 확실하게 이해한 뒤 투자를 고민해야 한다.

수도권 직장인이 출근 시간에 이용하는 일반전철을 생각해 보자. 서울 및 수도권 인구의 발이 되어주는 일반전철은 상대적으로 짧은 거리에 최대한 촘촘하게 정차역을 설치해, 서울 외곽 지역의 교통 소외 지역이나 서울과 인접한 위성도시의 서울 접근성을 높이는 것이 목적이다. 따라서 서울 업무 중심지와 가까운 정차역 주변일수록 아파트 가격이 비싸고, 멀어질수록 가격이 저렴해지는 현상이 발생한다.

그렇다면 GTX는 어떨까? 반대로 생각하면 된다. GTX 같은 고속전철은 상대적으로 긴 거리에 최소한의 정차역을 설치해, 서울 업무 중심지까지 접근하려면 많은 시간이 소요되거나 접근 자체가 불가능했던 수도권 외곽 지역의 서울 접근성을 높이는 것이 목적이다.

따라서 서울 업무 중심지와 가깝고, 이미 일반전철 노선이 있는 서울 인근 정차역 주변보다 그동안 서울 접근성이 매우 열악했던 외곽 지역일수록 주변 아파트 가격이 더 큰 영향을 받는다. GTX-C노선 정차가 확정된 지역 중에서 이 조건을 갖춘 지역은 덕정역과 수원역 주변이다.

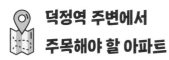

덕정역 주변에서 주목해야 할 아파트

먼저 덕정역 주변을 살펴보자. 덕정역은 복합환승센터가 들어서는 대표적인 역이다. 지금은 경기도 외곽의 조용한 전철역이고 개발 막바지에 있는 양주신도시에 비해 개발 축에서는 살짝 밀려난 모습을 하고 있지만, 필자가 여러 차례 강조했듯 복합환승센터는 아무 곳에나 들어서는 것이 아니다.

복합환승센터는 지금도 엄청난 유동인구가 이용하는 서울 중심지의 주요 전철역이나 해당 지자체에서 신흥 중심지로 대대적으로 성장시키고자 하는 곳에 중장기적인 계획으로 건립한다. 따라서 복합환승센터가 들어서면 유동인구도 대폭 늘어날 것이고, 주변 상권도 활성화될 것이다.

덕정역에서 GTX-C노선을 이용할 예상 수요는 동두천과 양주 구도심에서 넘어오는 수요와 양주신도시 회천지구 쪽에서 덕계역을 통해 거꾸로 올라오는 수요다. 그리고 아직은 실현 가능성을 예상하기 힘들지만, 7호선 지선이 옥정중앙역에서 덕정역으로 연결된다면 옥정지구에서 넘어오는 수요 또한 유동인구의 상당 부분을 차지할 것이다.

지금의 한적한 모습만 보고 덕정역 주변을 섣불리 판단하지 말자. 분명 숨어 있는 가치가 있는 지역이다. 오히려 집값이 반등한 바로 인근의 양주신도시에 비해 상대적으로 주목을 덜 받고 있는 지금이 기회일 수도 있다.

양주서희스타힐스2차

그렇다면 덕정역 주변에서는 어떤 아파트를 주의 깊게 살펴봐야 할까? 이 일대에서는 양주서희스타힐스2차를 추천한다. 지금은 초등학교가 가까이에 있고, 이 일대에서 비교적 신축 아파트에 속한다는 것 말고는 특별한 장점이 보이지 않지만, 덕정역 복합환승센터 개발과 덕정역 인근에 계획된 도시 개발이 끝나면 다소 황량한 분위기에서 쾌적한 신규 택지 같은 모습으로 거듭날 가능성이 크다.

양주서희스타힐스2차는 지난 상승장에서 GTX-C노선 기점 역세권에서 비교적 신축에 속하는 아파트라는 점과, 대형 개발 호재가 있는 지역치고는 굉장히 저렴한 매매가와 상대적으로 높은 전세가율 덕분에 많은 투자자의 관심을 받았다. 2020년 중반까지만 해도 대형 개발 호재가 있는 수도권 지역에서 준 신축 아파트 전용 84타입을 불과 6,000~7,000만 원 정도에 내 것으로 만들 수 있다는 점은 매우 매력적이었을 것이다.

그러나 이런 장점 때문에 곧 이어진 하락장에서 역풍을 맞는 결과를 초래하기도 했다. 기준금리 단기 급등 등의 영향으로 너무 짧은 기간에 전세가가 큰 폭으로 하락하면서 전세가 차액을 감당하지 못한 투자자들이 집을 내던졌고, 그로 인해 매매가도 동반 하락했다. 여기까지는 서울 및 다른 경기도 지역과 패턴이 비슷하다. 하지만 덕정역 주변은 다른 특징이 한 가지 더 있다.

현재 서울을 비롯한 경기도 대부분의 전세가는 상당 부분 회복되었다. 그러나 양주서희스타힐스2차의 전세가는 아직 뚜렷한 변화가 없다. 왜일까? 덕정역의 위치와 주변 상황을 보면 그 이유를 알 수 있

GTX-C노선 덕정역과 양주서희스타힐스2차

출처: 카카오맵

양주서희스타힐스2차 가격 변동 추이

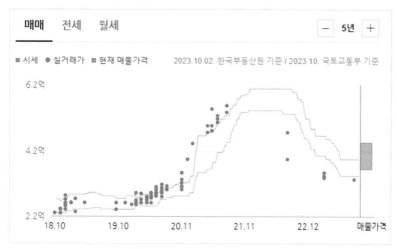

출처: 네이버부동산

다. 일단 GTX가 개통하기 이전인 현시점에서 덕정역 주변은 일자리가 몰려 있는 서울 업무 중심지까지 물리적 거리가 너무 멀고, 인근에 마땅한 일자리가 없다. 아무리 전세가가 저렴해도 강남이나 여의도에 직장을 둔 사람이 전세로 거주하고자 이 지역까지 오는 경우는 흔치 않다.

그리고 서울에 직장을 둔 전세 수요가 있다 해도 비교적 서울과 가깝고 신축 아파트이면서 좋은 생활 인프라가 갖추어진 양주신도시 쪽을 더 선호할 수밖에 없다. 따라서 양주신도시의 전세 물량이 먼저 소진되어야 초과 수요가 덕정역 주변으로 눈을 돌릴 것이다. 아직은 양주신도시와 덕정역 주변 아파트의 전세가 차이가 크지 않다. 이러한 특징 때문에 양주신도시의 전세가는 상당 부분 회복된 반면, 양주서희 스타힐스2차는 뚜렷한 변화를 보이지 않는 것이다.

객관적으로 매매가가 저렴함에도 매매가와 전세가의 차이는 비교적 크다. 면적에 따라 1억 5,000~2억 원 정도가 필요하다. 이후 전세 수요가 양주서희스타힐스2차에 넉넉하게 진입하면 그 차이는 확연히 줄어들겠지만, 그렇게 되면 매매가도 동반 상승할 것이다. 따라서 자금을 감당할 능력이 된다면 지금 진입하는 것이 이상적이다. 만약 투자처로서 매력적이라고 생각하지만 자금이 부족하다면 매매가가 다소 오르더라도 매매가와 전세가의 차이가 줄어드는 시점에 진입하는 것을 추천한다. 참고로 부동산 시장과 GTX-C노선 진행 상황에 따라 매매가가 단기간에 얼마나 오를지는 그 누구도 알 수 없다. 관망만 하다가는 타이밍을 놓칠 수도 있으니 신중하게 생각할 필요가 있다.

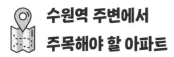

수원역 주변에서 주목해야 할 아파트

지금부터는 수원역 주변을 살펴보자. 수원역은 이미 수많은 광역노선과 대규모 상권으로 그 지역 교통의 허브 역할을 하고 있으며, 인근 대규모 정비사업으로 분위기가 크게 변화하고 있다. 그 덕분에 수원역 주변 매교동 일대는 수원시의 신흥 부촌으로 자리 잡았다. 따라서 앞으로도 수원역 주변 아파트가 수원시 전체 부동산 시장을 이끌 것이며, 마무리 단계에 있는 수원역 주변 정비사업과 곧 착공할 GTX-C노선 개발 호재가 더해진다면 이 일대 아파트는 다시 한번 큰 주목을 받을 것이다.

지난 하락장에서 서울을 비롯한 경기도 전역의 집값이 큰 폭으로 하락했다. 그렇다면 수원시는 어땠을까? 전국에서 하락률 5위 안에 들 정도로 유난히 더 큰 폭의 하락을 경험했다. 기준금리 단기 급등과 정부 정책이 어우러지면서 전국 부동산 시장이 어려움을 겪은 와중에 입주 물량까지 많았기 때문이다.

여기서 참고로 알아두어야 할 것이 있다. 수원시의 입주 물량으로 향후 집값 변동을 고려할 때는 인근의 화성시 물량까지 종합적으로 판단해야 한다. 두 도시는 과거 하나의 행정구역이었고, 분리된 이후에도 바로 인근에서 비슷한 입지를 공유해 서로의 입주 물량이 상대 도시의 아파트 가격에 꾸준히 영향을 미쳐왔다.

과거 동탄2신도시의 입주가 한창일 때 수원시의 아파트 가격이 어려움을 겪었고, 반대로 최근 1년 사이 수원시에 입주 물량이 쏟아졌

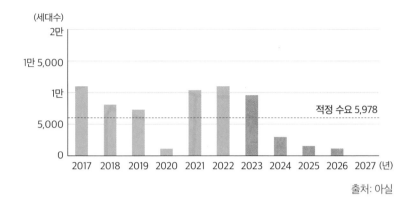

• 수원시 예정 입주 물량 •

(세대수)

출처: 아실

을 때 화성시 역시 부동산 시장 흐름을 넘어서는 큰 폭의 하락을 경험했다. 앞으로도 두 도시는 서로의 부동산 시장에 영향을 미칠 것이다.

뒤늦은 계획 발표로 3기 신도시 중에서 개발 진행이 가장 늦어 지금 당장은 신경 쓸 필요가 없지만, 약 3만 세대가 예정된 진안신도시 입주가 시작되면 화성시 자체는 물론이고 수원시 또한 상당한 영향을 받을 것이다. 따라서 미리 준비하고 대비하는 자세가 필요하다. 지금은 수원시에 예정된 물량이 대부분 소진되었고, 향후 몇 년간 기존 아파트 가격을 위협할 만한 대규모 공급 계획이 없으므로 GTX-C노선 착공을 앞둔 바로 현시점이 수원역 주변 아파트에 관심을 가져야 할 시기라고 할 수 있다.

수원역해모로

그렇다면 수원역 주변에서는 어떤 아파트를 관심 있게 살펴봐야 할까? 필자는 수원역해모로를 추천한다. 수원역 주변은 활발한 정비사

나는 진짜 돈이 되는 역세권 아파트에 투자한다

● GTX-C노선 수원역과 수원역해모로 ●

출처: 카카오맵

업으로 조성된 신축 아파트부터 기존 구축 아파트까지 많은 단지가 밀집해 있다. 겉으로 봐서는 모든 아파트가 같은 입지를 공유하기 때문에 아무 아파트나 편하게 매수해도 괜찮다고 생각할 수 있다. 하지만 세부적으로 살펴보면 단지마다 상황이 다르다는 사실을 알게 될 것이다.

먼저 매교동 일대 신축 아파트 단지들은 상황이 어떨까? 대부분 2,000세대 이상 대단지에 대장급 단지인 만큼 이 지역에서 평균 매매가가 가장 높다. 그런데 전세가율은 40%가 조금 넘는 수준이다. 매매가는 높은데 전세가율이 낮다면 당연히 투자 지금이 많이 필요하다. 참고로 대표적인 수원역 역세권 신축 아파트인 수원역푸르지오자

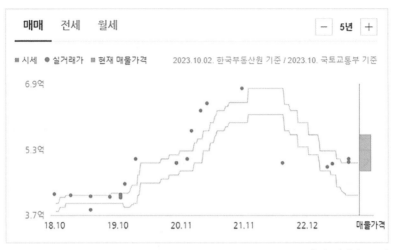

출처: 네이버부동산

이 전용 59타입은 순수 투자 자금만 3억~3억 5,000만 원이 필요하다. 물론 전용 84타입은 더 많은 자금이 필요하다. 세입자의 전세보증금을 지렛대로 활용해도 이 정도 자금이 추가로 필요하다는 것은 활발한 투자 수요를 흡수하기에 아직은 좋은 여건이 아니라는 뜻이다. 물론 이론상으로는 여력이 있다면 그 지역의 대장 아파트를 매수하는 것이 맞지만, 현재 수원역 주변 신축 아파트 시세는 누구나 마음만 먹으면 쉽게 접근할 수 있는 상황이 아니다.

그렇다면 구축 아파트 단지들은 상황이 어떨까? 신축 아파트 단지보다 가격도 저렴하고 전세가율도 높아 접근 자체는 비교적 수월하다. 그러나 대규모 정비사업으로 2만 5,000세대가 넘는 신축 아파트가 공급되었고, 준공 10년 이내의 크고 작은 준신축 아파트 단지들까지 고르게 분포되어 있다. 아무리 수원역 주변이 이 일대 개발의 중심이고, 많은 투자자의 관심을 받고 있다 해도 현시점에서 구축 아파트 단지가 주변의 수많은 경쟁자를 뚫고 충분한 투자 수요를 흡수하기에는 시간이 다소 필요할 것으로 보인다.

따라서 투자 관점에서는 수원역 역세권 아파트이면서 준공 10년 이내 준신축 아파트인 수원역해모로가 가장 적합하다. 단지 바로 옆에 초등학교를 품고 있어 교육 여건이 괜찮으며, 전 세대가 가장 선호하는 전용 59타입과 84타입으로만 구성되어 있다. 더욱이 이 아파트의 전세가율은 60% 수준이다. 즉 투자 자금이 상대적으로 적은 것이 매력이다. GTX-C노선 착공을 앞둔 시점에 진입해 스스로 목표수익률을 정해놓고 매도 계획을 세워도 좋지만, 향후 몇 년간 이 아파트의 시세를 위협할 만한 요소가 딱히 보이지 않으므로 세입자의 본 계약을 포함해 계약이 만료될 때까지 4년 이상 장기 보유하며 수익을 극대화해도 좋을 것으로 판단된다.

수도권 동서를 연결하는
GTX-B노선

GTX-B노선은 인천광역시 송도국제도시부터 남양주시 마석까지 14개 정차역을 건설하는 것을 목적으로 2023년 7월 기본계획수립을 완료했다. 행정구역상 서울에 해당하며 정부 예산으로 진행하는 재정구간과 인천광역시와 경기도에 해당하며 민간사업자와 지자체 예산으로 진행하는 민자구간으로 구분된다. 예비타당성조사를 통과하고 기본계획까지 수립했다면 15% 이상의 사업비가 추가 투입될 예정이거나 심각한 민원이 발생하지 않는 한, 보통 1년 이내에 착공에 들어간다. 그런데 현재 추가 정차역 설치에 대한 의견이 나오면서 추가 사업비가 발생할 가능성이 있는 상황이다.

추가 정차역 이야기가 나온 배경은?

GTX-B노선을 포함해 현재 계획된 GTX 전 노선의 정차역 간 평균 거리는 6km 내외다. GTX 같은 고속전철의 장점을 최대한 살릴 수 있도록 정차역 간에 거리를 둔 것이다. 참고로 일반전철의 정차역 간 평균 거리는 3km 내외다.

그런데 GTX-B노선 전체 구간 중에서 인천대입구역과 인천시청역까지의 거리는 11km가 넘는다. 그로 인해 많은 연수구 주민이 혜택을 볼 수 있도록 적절한 위치에 추가 정차역을 설치해야 한다는 민원이 꾸준히 제기되었다. 더욱이 인천시청역과 인천대입구역 사이에 수인분당선이 지나가는데, GTX-B노선과 환승이 되지 않는다. 적절한 위치에 정차역을 설치해 수인분당선과 환승이 가능하도록 만들면 더 많은 사람이 혜택을 보는 것은 물론, 경기도 외곽을 지나는 노선에 불과한 수인분당선의 가치와 효율을 높일 수 있을 것이다.

추가 정차역은 어디에?

그렇다면 추가 정차역은 어디가 될까? 관계자들은 2가지 안을 놓고 고심하고 있다. 첫 번째 안은 기존 수인분당선 연수역 또는 송도역을 그대로 사용하면서 GTX-B노선 선로만 연결하는 방법이다. 이 방법

● 수인분당선 연수역과 연수푸르지오1~4단지 ●

출처: 카카오맵

나는 진짜 돈이 되는 역세권 아파트에 투자한다

은 기존 역사를 그대로 사용하므로 비용이 적게 들지만, 선로가 다소 우회해야 하는 비효율성이 존재한다.

두 번째 안은 GTX 전용 선로를 직선에 가깝게 연결하는 대신, 제3의 역사를 신설하는 방법이다. 이 방법은 노선의 효율성은 높일 수 있지만, 역사의 위치를 선정하고 역사 자체를 새로 지어야 하므로 초기 건설 비용이 많이 들어간다는 단점이 있다.

어떤 방법이 채택될지는 알 수 없으나 확정되지 않은 계획은 언제든 바뀔 수 있고, 전면 백지화가 될 수도 있다. 만약 첫 번째 안이 채택된다면, 바로 인근의 연수푸르지오1~4단지가 뜻하지 않은 수혜를 입을 것이다. 하지만 이 소식을 호재로 보고 미리 접근하는 것은 절대 금물이다. 역세권 투자를 할 때는 불확실한 미래와 확률에 베팅하는 것이 아니라, 가까운 미래에 실현될 확실한 호재를 보고 선진입하는 안정적인 투자를 지향해야 한다.

 ## 착공이 또 지연되는 것은 아닐까?

현재 분위기는 방법의 차이만 있을 뿐, 추가 정차역을 설치하는 쪽으로 의견이 모이고 있다. 그렇다면 기존 계획이 변경되고 비용이 늘어나는 것이니 또 착공이 지연되는 것은 아닐까? 국가 재정이 투입되는 경우라면, 처음 계획된 사업비에서 15% 이상 초과할 경우 적정성 검토를 거쳐 사업성을 다시 평가받아야 한다. 그러나 추가 정차역이 거론되는 구간은 민자구간이고, 추가 정차역과 관련된 사업비는 인천광역시와 민간사업자가 전액 부담한다. 즉 별도의 적정성 검토를 받을 필요가 없는 상황이다. 따라서 이론상 착공이 지연될 가능성은 크지 않다.

갈매지구에도 추가 정차역이?

확정된 노선의 추가 정차역 이슈는 대부분 민자구간에서 발생한다. 수도권을 동서로 횡단하는 GTX-B노선 서쪽에 연수역 관련 이슈가 있다면, 동쪽에는 갈매역 정차 가능 이슈가 있다.

갈매지구는 어떤 곳일까? 갈매지구는 구리시 소재의 그린벨트를 풀어 조성한 택지지구로, 쾌적한 환경을 자랑한다. 하지만 구리시 원도심과 철저하게 단절되어 있고, 자체 일자리가 없으며, 외부로 통하는 대중교통이 마땅치 않아 서울 업무 중심지까지 접근하려면 거리 대비 많은 시간이 소요된다. 비록 갈매역에는 경춘선이 정차하지만, 출근 시간 배차 간격이 평균 20분이 넘어 짧은 거리를 이동하는데도 많은 시간이 소요된다.

그리고 같은 신규 택지이지만 이미 GTX-B노선이 확정된 별내지구나 8호선이 곧 개통될 다산신도시에 비해 상대적으로 선호도가 떨어진다. 이런 단점 때문에 신축 아파트가 즐비한 신규 택지임에도 구리시 구도심보다 평균 집값이 저렴한 편이다.

갈매역 정차를 주장하는 근거와 반대 주장

그렇다면 구리시는 왜 GTX-B노선이 반드시 갈매역에 정차해야 한다고 주장하는 것일까? 일단 구리시는 자체적으로 GTX-B노선을 위해 수백억 원의 사업비를 부담한다. 그런데 정작 구리시 내에 GTX-B 노선 정차역을 설치할 계획이 없다. 고속철도가 택지 한가운데를 지나가면 갈매 주민들은 그에 따른 소음과 진동을 고스란히 감당해야 하는데, 자체 재정으로 적지 않은 사업비를 조달함에도 주민들은 피해만 보니 불만의 목소리가 나올 수밖에 없다.

　상황이 이러한데 인근 별내지구 주민들을 포함해 노선 동쪽 정차역 주변 주민들은 갈매역 정차를 반대하고 있다. 왜일까? 이는 노선의 본질에서 답을 찾을 수 있다. GTX의 본질은 서울에서 멀고 접근성이 좋지 않은 지역을 서울까지 빠르게 이동할 수 있도록 하는 것인데, 별내역과 망우역 사이에 정차역을 또 설치하면 결국 완행노선이 되고 만다는 것이다. 이 역시 결코 틀린 주장이 아니다.

갈매역 정차는 이론상 큰 문제가 없다

결론이 어떻게 날지는 그 누구도 알 수 없다. 그러나 이론적으로만 생각해 보면 GTX-B노선이 갈매역에 정차하지 못할 이유가 없다. 일단 구리시는 상당한 사업비를 부담한다. 그럼에도 그 지역에 정차역이 없는 것은 우리나라 철도 역사상 전례를 찾을 수 없는 특이한 사례다.

그리고 결정적으로 별내역을 출발해 다음 정거장인 망우역까지 가려면 급커브를 두 차례 통과해야 한다. 갈매역에 정차하지 않고 이 구간을 통과하더라도 GTX가 자랑하는 빠른 속도를 유지하기 힘든 조건이라는 뜻이다. 즉 갈매역에 정차하더라도 노선의 본질이 훼손될 정도는 아니다.

그러나 이는 어디까지나 이론일 뿐이다. 현재 갈매지구에서는 지식산업센터 분양 광고를 쉽게 접할 수 있는데, GTX-B노선을 마치 호재인 것처럼 엮어 홍보하는 사례가 많다. 절대 현혹되어서는 안 된다.

관심 있게 살펴봐야 할 지역

일단 수인분당선 연수역과 경춘선 갈매역 주변은 개발 이슈가 있기는 하지만 계획이 확정된 것이 아니기 때문에 투자 지역으로는 적합하지 않다. 그렇다면 GTX-B노선이 착공을 앞둔 시점에서 어느 지역을 관심 있게 살펴봐야 할까? GTX-B노선 역시 앞서 필자가 GTX-C노선 편에서 설명한 내용을 그대로 적용하면 된다.

GTX의 특징을 고려하면, 서울 업무 중심지와 가깝고 이미 일반 전철 노선이 있는 서울 인근 정차역 주변보다 그동안 서울 접근성이 매우 열악했던 외곽 지역일수록 주변 아파트 가격이 큰 영향을 받을

나는 진짜 돈이 되는 역세권 아파트에 투자한다

것이다. 더욱이 비슷한 조건이라면, 다소 무질서한 구도심보다 교통 여건이 획기적으로 개선되고 이미 좋은 생활 인프라가 갖추어진 택지 지구가 더욱 주목을 받을 것이다. GTX-B노선 정차가 확정된 지역 중에서 이 조건을 갖춘 지역은 인천대입구역과 평내호평역 주변이다.

 ## 인천대입구역 주변에서 주목해야 할 아파트

GTX-B노선 인천대입구역이 예정된 송도국제도시는 '인천광역시의 강남'이라 불린다. 다양한 수요층이 있으며, 상당한 재력가들도 많이 거주하고 있다. 필자가 다른 지역에서는 중대형 면적 위주로 구성된 단지는 다양한 수요층을 흡수하기 힘들다는 이유로 투자 대상에서 제외했는데, 인천대입구역 주변은 다르다. 중대형 면적까지 꾸준한 매수 수요를 기대할 수 있으며, 좋은 투자 대상이 될 수 있다.

송도국제도시의 가장 큰 장점은 바로 교육이다. 일반적으로 신도시와 택지지구는 하나의 도시계획으로 조성하므로 아파트와 상권, 학교, 그 외 편의시설 등이 고르게 배치된다. 웬만해서는 학교 접근성이 나쁜 곳을 찾기 힘들다는 뜻이다.

그런데 인천대입구역은 조금 특별한 점이 있다. 단지마다 초등학교, 중학교, 고등학교를 적절하게 배치한 것은 물론, 국제학교와 특수목적고등학교까지 어느 아파트에서 접근하더라도 불편함이 없다. 국제도시 콘셉트에 맞는, 송도국제도시에서만 볼 수 있는 풍경이다.

• GTX-B노선 인천대입구역과 주변 아파트 •

출처: 카카오맵

　따라서 인천대입구역 주변 아파트는 준공 연도에 따른 약간의 연식 차이만 있을 뿐 모두 같은 입지를 공유한다고 볼 수 있으며, 모두 훌륭한 미래가치를 가지고 있다. 이런 이유로 특별히 주목할 아파트를 따로 언급하지 않겠다. 자금 상황이 허락하는 한도 내에서 매수할 수 있는 가장 비싼 아파트를 선택하면 된다.

　GTX-A노선 편에서 언급했던 동탄신도시 시범단지와 이후에 위례신사선 편에서 알아볼 위례중앙역 주변 단지들처럼 인천대입구역 주변 아파트 역시 높은 매매가 대비 전세가가 따라주지 못해 많은 자금이 필요하다는 점은 참으로 아쉽다. 입지와 부동산 시장 상황이 아무리 좋아도 자신의 능력에서 벗어나면 그림의 떡이나 마찬가지다. 누구나 마음만 먹으면 쉽게 진입할 수 있는 상황이 아니라는 뜻이다. 따

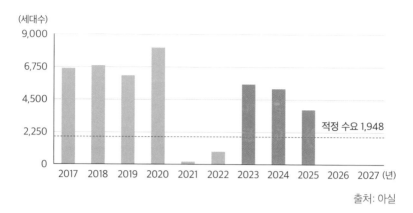

● 인천광역시 연수구 예정 입주 물량 ●

(세대수)

적정 수요 1,948

출처: 아실

라서 인천대입구역 주변 아파트는 순수 투자 목적보다는 학령기 자녀를 둔 실거주자나 송도국제도시보다 한 단계 정도 하급지에서 갈아타려는 실거주자에게 추천한다.

인천대입구역 주변 아파트는 투자자들의 관심을 집중적으로 받았던 만큼 지난 하락장에서 유난히 조정폭이 컸다. 현재가치는 물론 미래가치 또한 큰 지역이므로 소폭 반등한 지금이야말로 갈아탈 좋은 기회다. 가까운 미래에 GTX-B노선 착공과 함께 좋은 시너지를 낼 수 있을 것이다.

송도국제도시는 수도권에서 실거주와 투자, 2마리 토끼를 안정적으로 잡을 수 있는 대표적인 지역이다. 물론 송도국제도시 인근에 향후 2~3년간 적정 수요 이상의 물량이 대기하고 있기는 하다. 그러나 특정 기간에 예정된 물량이 적정 수요 이상일 때는 지역 간 입지 우열도 잘 따져봐야 한다. 비록 객관적인 물량이 많은 것은 사실이지만 냉정히 말해 인천대입구역 주변보다 입지가 뛰어난 곳은 단 한 곳도 없다. 따라서 단기는 물론, 장기적으로도 엄청난 위협이 되지는 못할 것이다.

평내호평역 주변에서 주목해야 할 아파트

이제 평내호평역 주변을 살펴보자. 평내호평역 주변은 부동산 투자 관점에서도 좋은 지역이지만, 주변 환경도 참으로 매력적이다. 평내호평역 위쪽 호평지구는 지금의 경춘선의 경제성을 확보하고자 계획적으로 조성한 택지지구다. 산을 깎아 택지를 조성해 평내호평역에서 택지 뒤쪽으로 갈수록 조금씩 경사가 있다.

평내호평역 택지 뒤쪽에 있는 아파트 단지는 경사 때문에 도보 접근성이 다소 떨어진다는 단점이 있다. 하지만 하나의 도시계획으로 조성된 편리한 생활환경과 산으로 둘러싸인 자연환경이 어우러져 풍경이 매우 좋으며, 특히 비가 내리는 날은 상당히 운치가 있다.

평내호평역 주변 아파트의 특징은 매매가 대비 전세가율이 높다는 것이다. 이는 투자자에게 매우 큰 장점이다. 현재 서울 및 경기도의 평균 전세가율은 50% 중반대다. 반면 평내호평역 주변 아파트의 전세가율은 모두 70%가 넘는다. 이 지역의 전세가율이 높은 이유는 남양주시의 면적은 넓은데 택지는 매우 한정적이기 때문이다. 실제로 남양주시에서 서울 접근성이 좋은 택지는 호평지구와 인근에 있는 다산신도시 정도이며, 그 외 진접1지구 및 오남지구는 서울 접근성이 좋지 않아 임대 수요가 상대적으로 많지 않다.

즉 다산신도시에서 밀려난 임대 수요가 차선책으로 선호하는 곳이 호평지구이며, 꾸준한 임대 수요 덕분에 지난 하락장에서 매매가 하락폭 대비 전세가 하락이 적었다. 이것이 바로 전세가율이 꾸준히 높게 유지되는 이유다. 따라서 평내호평역 주변 아파트는 인천대입구역 주변 아파트와 정반대 상황이며, 적은 자금을 가지고 투자 목적으로 접근하기에 아주 좋은 여건이 마련된 곳이라고 볼 수 있다.

두산알프하임

그렇다면 평내호평역 주변에서는 어떤 아파트를 주목해야 할까? 필자는 두산알프하임을 추천한다. 지도상으로는 호평지구 원도심과 단절된 것처럼 보이지만, 실제 임장을 가보면 단절된 느낌이 전혀 들지 않는다. 3,000세대에 가까운 평내호평역 역세권 대단지 아파트로, 아파트 단지에서 역사까지의 도보 접근성이 나쁘지 않다. 신축 대단지답게 단지 내에 자체 커뮤니티 시설이 잘 갖추어져 있고, 초등학교와 중학교를 품고 있으며, 주변 상권이 매우 좋다.

원래 이 부지는 스키장을 만들 목적으로 매입한 것이다. 스키장의 핵심 시설은 무엇인가? 바로 슬로프다. 스키를 즐기려면 반드시 슬로프가 있어야 한다. 그로 인해 아파트 단지 내에 무시할 수 없을 정도의 경사가 있다. 그러나 이런 문제를 해결하고자 단지 내 이동은 물론이고, 평내호평역까지 편리하게 이동할 수 있도록 셔틀버스를 운행하고 있어 특별히 불편한 점은 없다.

평내호평역 주변 아파트는 호평지구를 조성할 당시에 공급된 아

● GTX-B노선 평내호평역과 두산알프하임 ●

출처: 카카오맵

파트로, 15년 이상 된 단지가 많다. 따라서 신축 아파트가 귀하다. 두산알프하임은 2021년 준공으로 이 일대에서 가장 새 아파트이며, 선호도가 높은 전용 59타입과 84타입이 주를 이루고 있다. 거기에 대형 면적까지 갖추고 있어 다양한 수요층을 흡수할 준비가 되어 있다. 평내호평역 바로 남쪽에 2020년에 준공한 평내호평역대명루첸포레스티움도 있지만, 전 세대가 소형 면적 위주로 구성되어 있어 두산알프하임의 선호도가 더 높다.

두산알프하임의 또 하나의 장점은 주변에 있는 다른 아파트 단지들보다 전세가율이 높다는 것이다. 현재 이 아파트의 전세가율은 75%에 육박한다. 전용 59타입은 1억 원 정도, 전용 84타입은 1억

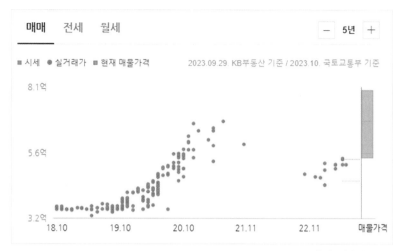

매매　전세　월세　　　　　　　　　　　　　　　　　－　5년　＋

■ 시세　● 실거래가　■ 현재 매물가격　　2023.09.29. KB부동산 기준 / 2023.10. 국토교통부 기준

8.1억

5.6억

3.2억
18.10　　　19.10　　　20.10　　　21.11　　　22.11　　　매물가격

출처: 네이버부동산

2,000~1억 3,000만 원 정도면 충분히 매수할 수 있다. 더욱이 이 아파트는 평내호평역 주변에서는 거의 유일하게 원도심을 거치지 않고 바로 고속도로로 진입할 수 있다. 좋은 투자 여건과 더불어 실거주하기에 훌륭한 환경이 조성되어 있어 실제로 강남 또는 잠실 쪽에 직장을 둔 실거주자가 많다.

앞서 여러 차례 강조했듯 착공 시점은 투자 관점에서 매우 중요하다. 지난 하락장에서 매수 타이밍을 놓친 투자자는 본격적인 착공으로 집값이 자극받기 전에 매수를 준비하는 것이 좋고, 지난 하락장을 이겨낸 투자자는 최근에 소폭 상승한 가격에 성급하게 매도하기보다 착공 후 3~6개월 정도 지난 시점에 호재가 본격적으로 시세에 반영될 때 매도를 고려하는 것이 좋다. 개발 호재가 이미 시세에 반영되었다는 말은 듣지 말자. 조정받았던 아파트 가격은 실제 착공으로 얼마든지 반등할 수 있다. 이는 과거 사례를 통해 충분히 검증된 사실이다.

GTX-B노선 착공 전후에 진입했거나 착공 시점에 매도하지 않고 투자 목적으로 이 아파트를 조금 더 보유할 생각이라면 신경 써야 할 것이 하나 더 있다. 바로 인근의 왕숙신도시를 비롯한 주변의 택지 공급이다. 앞서 4호선 진접 연장 편에서 설명했던 것과 마찬가지로, 평내호평역 주변은 왕숙신도시에 비해 입지적 열세에 있다. 왕숙신도시의 입주가 본격적으로 시작되면 두산알프하임을 포함한 평내호평역 주변 아파트의 가장 큰 장점인 높은 전세가율이 일시적으로 무너질 것이다. 예정된 물량을 생각하면 그 기간을 짐작하기 힘들 정도로 침체기가 오래갈 수도 있다. 마침 그 시기에 전세 만기가 도래하면 떨어진 전세가만큼 차액을 마련하지 못해 투매 현상이 이어질 수 있고, 이는 결국 매매가 하락으로 귀결될 가능성이 크다. 따라서 왕숙신도시의 입주가 시작되기 전에 매도 계획을 세워야 한다.

실거주자라도 자녀 교육을 위해 상급지로 이동할 계획이 있다면 자녀의 진학 시기에 맞춰 이동 계획을 세우기보다 조금 더 빨리 움직이는 것이 좋다. 자녀의 고등학교 진학을 위해 상급지로 이사 가려고 하는데, 마침 중학교 졸업 시점이 왕숙신도시 입주 시점과 겹친다고 가정해 보자. 그렇다면 중학교 졸업 시점까지 기다릴 것이 아니라, 1년 정도 빨리 집을 정리하고 이동해야 한다. 투매 현상이 이어지면 거래 자체를 성사시키기도 힘들지만, 운 좋게 내가 살던 집을 받아줄 매수자가 나타나더라도 상당한 재산상 손해를 입을 수 있다.

남양주시는 전체 면적 대비 유난히 빈 땅이 많은 도시라 늘 신규 택지 공급 1순위 후보지로 거론된다. 따라서 왕숙신도시 이슈 이후에도 신규 택지로 인한 비슷한 문제를 얼마든지 겪을 수 있다. 늘 뉴스에 귀를 기울이고, 철저하게 대비해야 한다.

경기 남부 교통 소외 지역의
핵심 노선,
동탄인덕원선

동탄인덕원선의 최초 비공식 명칭은 신수원선이다. 인덕원과 동탄을 잇는 노선이라 해서 인동선, 동인선 등으로 불리기도 했다. 동탄인덕원선이 공식 명칭으로 발표된 이후 각종 보도자료 등에서 통일해 사용하고 있다.

사실 동탄인덕원선 자체는 가치가 크지 않다. 노선이 높은 가치를 가지려면 서울 업무 중심지와 직결되거나 다소 거리가 있더라도 빠르게 이동할 수 있어야 하는데, 동탄인덕원선은 고속전철도, 서울 직결 노선도 아니다.

그렇다면 해당 주민들은 왜 그토록 착공을 바라는 것일까? 물론

나는 진짜 돈이 되는 역세권 아파트에 투자한다

• 동탄인덕원선 노선도 •

동탄인덕원선 자체의 가치는 크지 않지만, 경기 남부 교통 소외 지역을 GTX가 정차하는 인덕원역과 동탄역으로 연결함으로써 간편한 환승을 통해 신속한 서울 접근이 가능해지기 때문이다. 따라서 동탄인덕원선 역세권 아파트의 가치는 노선 중심부보다 인덕원역 또는 동탄역 1~2 정거장 이내에 들어오는 지역이 더 높으며, 상대적으로 적은 자금으로 투자할 수 있는 환경이 마련되어 있어 투자자들이 많은 관심을 보이고 있다.

실제로 지난 폭등기에도 동탄인덕원선의 중심부보다 인덕원역과 가까운 지역, 동탄역과 가까운 지역이 더 높은 상승률을 기록했다. 그만큼 투자자들의 주목을 받았다는 뜻이고, 투자자들의 주목을 받았던 만큼 바로 직전 하락장에서 더 많은 하락률을 기록했다.

 ## 착공이 지연되는 이유는 무엇인가?

지난 하락장에서도 낙폭이 커 동탄인덕원선 역세권 아파트를 보유하고 있는 투자자들은 착공 소식을 손꼽아 기다릴 것이다. 동탄인덕원선은 2026년 말에 개통하는 것을 목표로 2021년 4월 착공에 들어갔다. 그러나 수원시, 용인시, 화성시에서 4개 정차역을 추가로 설치할 것을 요구했고, 이 요구가 받아들여지면서 4,000억 원 정도의 사업비가 추가로 필요한 상황이 되었다. 처음 계획된 사업비에서 15% 이상 초과하면 사업 계획에 대한 적정성을 재검토받게 되어 있다. 그로 인해 2021년 4월부터 지금까지 무려 3년 가까이 착공이 지연되고 있다. 현재 전체 공정률은 4% 정도에 불과하다.

나는 진짜 돈이 되는 역세권 아파트에 투자한다

가까운 미래에 착공을 예상하는 근거는?

동탄인덕원선은 15% 이상의 사업비 증가로 적정성을 재검토받았으며, 2023년 8월에 그 결과가 나왔다. 행정 절차상 재검토 결과가 나오면 즉시 착공을 할 수 있다. 일정이 2년 정도 지연되었으니 개통 시기 역시 2년 연기된 2028년 말 정도로 예상할 수 있다.

그러나 일부 정차역에서 환풍기 위치 문제 등으로 민원이 발생하고 있다. 민원 처리 시간이 생각보다 오래 소요된다면 일부 구간만 공정률이 현저히 떨어지는 결과가 나올 수도 있다. 공정률이 낮은 정차역만 무정차 통과하고 노선을 운영하는 사례도 있지만, 요즘에는 노선 전체의 효율성을 생각해 다소 지연이 되더라도 모든 정차역을 동시에 개통하는 추세다. 어쨌든 곧 착공한다면 동탄인덕원선 역세권 아파트는 최근 집값 반등 분위기와 함께 다시 한번 큰 주목을 받을 것이다.

관심 있게 살펴봐야 할 지역

동탄인덕원선이 착공을 앞둔 시점에서 어느 지역을 관심 있게 살펴봐야 할까? 앞서 언급했듯 동탄인덕원선의 가치는 노선 자체보다 환승 효율에 있다. 노선 중심부보나는 1~2 정거장 이동해 고속선철로 환승이 가능한 지역, 그중에서도 지난 하락장에서 조정폭이 유난히 컸던 곳을 관심 있게 살펴봐야 한다. 왜일까?

조정폭이 컸다는 것은 그동안 실거주자보다 투자자가 많이 진입했다는 뜻이고, 조정을 받았던 폭 만큼 다시 반등할 잠재력이 생겼다는 것을 의미한다. 최근 1년간 급격한 기준금리 상승과 다주택자 양도소득세 중과 유예 정책 발표로 시장에 매물이 한꺼번에 쏟아져 나온 탓에 가격이 단기 급락했지만, 그동안 진입한 투자자들이 생각한 미래가치와 개발 호재는 그대로 살아 있다. 따라서 지난 하락장에서 가격 조정폭이 상대적으로 컸으며, 자신이 조달할 수 있는 자금으로 살 수 있는 아파트를 선택하면 된다. 필자가 동탄인덕원선에서 관심을 가져야 할 지역으로 꼽는 곳은 바로 능동역 주변이다.

 ## 능동역 주변에서 주목해야 할 아파트

능동역은 화성시의 대표적인 교통 소외 지역이었던 화성시 병점동 일대의 교통 여건을 획기적으로 개선하는 역할을 한다. 오래전부터 병점동에는 1호선이 운행되고 있는데, 동탄인덕원선 계획이 발표되기 전에는 병점역에서 가장 가까운 아파트가 이 일대에서 가장 비쌌다.

그러나 동탄인덕원선 능동역 설치 계획으로 분위기가 바뀌었다. 병점역 주변은 다소 무질서한 구도심에 연식이 오래된 아파트가 주로 분포되어 있는 반면, 능동역 주변은 깔끔하게 정리된 택지지구에 상대적으로 새 아파트가 분포되어 있어 능동역 주변으로 무게 중심이 많

출처: 카카오맵

이 이동했다. 따라서 현재는 병점역 주변 아파트보다 능동역 주변 아파트 평균 가격이 더 높다.

더욱이 능동역 주변 아파트는 능동역이 들어올 위치에서 2024년 개통을 앞둔 동탄역까지 10분 이내에 GTX 환승으로 서울 접근성을 높일 수 있다. 참고로 능동역이 들어올 위치에서 동탄역까지는 출근 시간에 자동차로 30분 이상 걸린다.

① 안화동마을주공7단지

그렇다면 능동역 주변에서는 어떤 아파트에 관심을 가져야 할까? 필자는 가장 먼저 안화동마을주공7단지를 추천한다. 이 아파트의 전용

● 안화동마을주공7단지 가격 변동 추이 ●

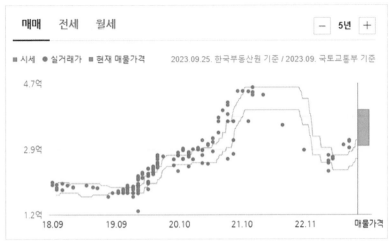

출처: 네이버부동산

59타입은 지난 상승장의 정점이었던 2021년 후반에 4억 6,000만 원에 거래된 이후 도중에 몇 건의 하락 거래를 기록하면서 지난 하락장의 저점이었던 2023년 초에는 2억 5,000만 원에 거래되었다.

유난히 큰 하락폭이 실감되는가? 필자가 이 책에서 소개한 아파트 중에도 2억 원 이상 조정받은 사례가 많지만, 안화동마을주공7단지처럼 큰 하락률을 기록한 단지는 많지 않다. 쉽게 말해, 7억 원에 거래되던 아파트가 조정을 받아 5억 원이 된 것과 4억 원에 거래되던 아파트가 2억 원이 된 것은 전혀 다른 이야기라는 뜻이다. 이 아파트는 지난 상승장에 동탄인덕원선 호재로 투자자들의 많은 관심을 받았지만, 아파트 가격 하락세가 본격화되었던 시기에 하락한 전세가를 감당하지 못한 투자자의 투매 현상이 이어지면서 이런 결과를 초래하고 말았다. 당시 미리 대응하지 못한 투자자들은 분명 밤잠을 설쳤을 것이다.

그러나 현재 안화동마을주공7단지를 관심 있게 보고 있는 투자자에게는 기회가 될 수도 있다. 이 아파트의 가장 큰 장점은 초등학교, 중학교, 고등학교를 단지 내에 품고 있다는 것이다. 또한 수도권에서 보기 드물게 1억 원 이내로 소액 투자가 가능한 여건이 마련되어 있다. 시장 상황에 따라 매매가와 전세가 차이가 조금씩 변하기는 하지만, 조건만 잘 맞추면 언제든 5,000~8,000만 원 정도의 자금으로 진입할 수 있다.

풍부한 임대 수요도 무시할 수 없다. 인근의 풍부한 일자리와 더불어 끊이지 않는 임대 수요는 안정적인 투자가 가능하도록 돕는 훌륭한 조건이다. 물론 사람마다 차이가 있겠지만, 이 일대 고소득 직장인이 풍기는 특유의 젠틀함도 임대 관리의 어려움을 덜어주는 숨어 있는 요소다. 다만 이 아파트는 전용 51타입과 59타입 등 소형 면적으로만 구성되어 있어 실거주보다는 탄탄한 임대 수요를 등에 업고 투자하는 것이 더욱 적합하다.

② 병점신미주

지금부터는 안화동마을주공7단지 바로 옆에 있는 병점신미주를 살펴보자. 이 아파트도 안화동마을주공7단지와 유사한 패턴의 가격 변동을 보였으며, 지난 하락장에 같은 어려움을 겪었다. 안화동마을주공7단지와 전반적으로 같은 입지를 공유하지만, 세부적으로 살펴보면 약간의 차이가 있다. 따라서 자신의 선호도에 맞게 선택하면 된다.

병점신미주 가격병동 추이

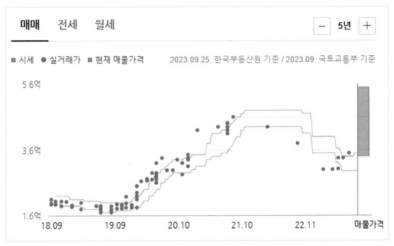

매매　전세　월세　　　　　　　　　　　　　　　　－　5년　＋

■ 시세　● 실거래가　■ 현재 매물가격　　　2023.09.25. 한국부동산원 기준 / 2023.09. 국토교통부 기준

5.6억

3.6억

1.6억

18.09　　19.09　　20.10　　21.10　　22.11　　매물가격

출처: 네이버부동산

　　먼저 병점신미주의 단지 관리 상태 및 학교 접근성은 안화동마을
주공7단지보다 떨어진다. 아무래도 연식이 오래되었기에 현장에서 두
단지를 직접 비교해 보면 확연히 차이가 난다. 사실 병점신미주도 2차
선 도로 하나만 건너면 통학에 어려움이 없지만, 단지 내에서 통학이
가능한 안화동마을주공7단지와 비교하면 조금 아쉽다.

　　그러나 교통 여건은 병점신미주가 우위에 있다. 두 단지 모두 능
동역 역세권 아파트이지만, 각 아파트에서 능동역까지 직접 걸어보면
접근성은 병점신미주가 더욱 좋다. 세대 구성도 병점신미주가 좋다.
안화동마을주공7단지는 소형 위주로 구성되어 있는 반면, 병점신미주
는 중소형 위주로 구성되어 있어 조금 더 다양한 수요층의 관심을 받
을 수 있다.

요즘은 개발 호재와 해당 지역에 대한 정보가 넘쳐나기 때문에 동탄인덕원선의 착공 소식을 접하고 진입하면 늦다. 지금도 기준금리가 안정되고 역전세를 대비한 급매물이 전부 소진되면서 이전 최저가 대비 10~15% 정도 상승한 실거래가를 기록하고 있다. 따라서 착공되기 전에 진입해야 한다. 당장 몇 백만 원 더 깎자고 매도인과 줄다리기를 하느라 좋은 매물을 놓치는 실수를 범하지 않길 바란다.

능동역 주변 시장은 이미 매도자 우위 시장으로 흘러가고 있다. 그러나 착공 이후에도 개통까지 많은 시간이 남아 있고, 그 사이 부동산 시장 흐름은 얼마든지 변할 수 있다. 따라서 착공 전후에 진입했다면 자신만의 수익률을 정해놓는 것이 좋다. 투자 자금 대비 100% 수익률을 달성했다면 마음 편하게 매도해도 괜찮은 투자가 될 것이다.

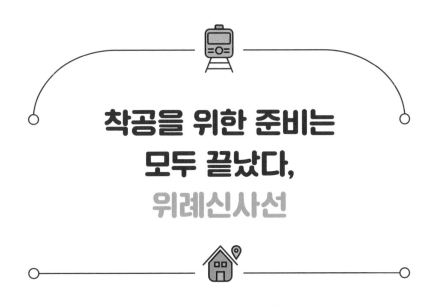

착공을 위한 준비는
모두 끝났다,
위례신사선

위례신사선이 처음 거론된 이후 벌써 15년 가까이 세월이 흘렀다. 신설 노선이 만들어지기까지 다양한 문제로 시간이 다소 지연되거나 계획이 변경되는 일은 매우 흔하지만, 위례신사선처럼 탈도 많고 장기간 지연되는 경우는 그리 흔치 않다. 비슷한 시기에 추진된 같은 경전철인 서울 동북선이 2025년 개통을 앞두고 한창 공사 중인 것과 비교하면 그동안 위례신사선이 얼마나 비정상적으로 지연되었는지 짐작할 수 있다.

나는 진짜 돈이 되는 역세권 아파트에 투자한다

• 위례신사선 노선도 •

신사
학동사거리
을지병원
청담
봉은사
삼성
한강
송파구
11개 정거장, 14.7Km
가락시영
학여울
가락시장
위례신도시
동남권유통단지
서초구
강남구
위례

위례신사선, 어디까지 와 있나?

공식적으로 위례신사선은 바로 착공해도 아무런 문제가 없는 상황이다. 하지만 사업비 집행 방식에 대한 합의가 이루어지지 않아 착공에 들어가지 못하고 있다. 신설 철도 노선이 착공하려면 예비타당성조사를 통해 사업 타당성을 평가하고, 민간투자심의위원회 심의를 통해 어디에 어떻게 사업비를 활용할지 구체적인 규모 및 사용 방법을 확정한다. 이 과정이 끝나면 본 사업을 진행할 민간사업자를 선정하고, 기본 설계를 바탕으로 실제 공사에 사용할 수 있는 실시 설계를 진행한다. 바로 이것이 이 책 전반부에서 설명한 기본계획수립 과정이다.

위례신사선은 민간사업자 선정과 설계 과정이 거의 마무리되었고, 민간투자심의위원회 심의를 통해 돈을 어떻게 쓸지 그 방법을 논의하는 단계만 남아 있다. 사실상 착공까지 필요한 마지막 단계에 와 있다고 볼 수 있다.

착공에 들어가지 못하는 이유

그렇다면 위례신사선이 사실상 모든 준비를 마쳤음에도 착공에 들어가는 못하는 이유는 무엇일까? 최근 건설 경기가 급격히 나빠졌기 때문이다. 조금 더 자세히 설명하면, 사업을 진행하면서 발생할 수 있는 위험을 보전하는 방식을 두고 각 주체가 다른 목소리를 내고 있기 때문이다.

서울특별시와 민간사업자가 자잿값 급등 등 건설 경기 악화 상황을 고려해 공사 비용을 위례신사선 준공 시점에 최종적으로 확정하기로 합의했는데, 이에 대해 기획재정부가 문제를 제기했다. 기획재정부의 입장은 서울특별시와 민간사업자 간의 합의 내용은 결국 긴 시간 동안 사업비를 명확하게 하지 않고 사업을 진행한다는 뜻인데, 그 방식은 위험이 너무 크다는 것이다. 기획재정부는 전체 사업비를 잠정적으로 먼저 확정하고, 이후에 물가상승분을 반영하는 형태를 요구하고 있다.

나는 진짜 돈이 되는 역세권 아파트에 투자한다

원만한 합의가
가능할까?

위례신사선은 민간과 공공이 위험을 절반씩 부담하는 방식으로 추진되며, 전체 사업비의 절반을 당장 공사에 사용할 건설보조금으로 지원한다. 서울특별시와 민간사업자가 합의한 내용대로라면, 전체 사업비가 오르면 건설보조금도 오른다. 즉 민간사업자는 건설 경기 악화로 발생할 수 있는 위험을 줄일 수 있다.

그런데 기획재정부의 의견처럼 미리 사업비를 확정하고 사업을 시작하면 민간사업자는 급등한 자잿값을 보전받을 수 있는 안전장치 확보가 어려워진다. 최근 악화된 건설 경기는 부동산 시장에 생각보다 큰 영향을 미치고 있다. 건설 인허가 물량이 줄어들어 당장 2~3년 이후의 공급 부족을 걱정해야 하며, 위례신사선을 포함한 각종 공익사업의 사업비를 집행하는 데 어려움을 초래할 수 있다. 지금의 건설 경기가 상당 부분 회복되지 않는다면, 위례신사선보다 사업 속도가 느린 다른 노선도 비슷한 문제를 겪을 가능성이 크다.

위례신사선,
과연 착공할 수 있을까?

위례신사선 착공은 그리 오래 지연되지는 않을 것이다. 그 이유는 현재 착공이 지연되는 원인에서 찾을 수 있다. 서울 및 수도권에서 계획 및 진행 중인 신설 철도 노선이 장기간 표류한 사례는 모두 필수로 갖추어야 할 조건을 갖추지 못했기 때문이다. 조금 더 정확히 말하면, 신설 철도 사업에 가장 중요한 경제성을 확보하지 못했기 때문이다. 그러나 그 외 민원 발생, 문화재 출토, 주체 간 의견 대립 등으로 사업이 지연되었을 때는 해당 문제를 해결하는 데 그리 긴 시간이 소요되지 않았다.

위례신사선도 주체 간 의견 대립으로 착공이 지연되고 있지만, 이는 어느 노선에서나 흔히 발생할 수 있는 일이다. 건설 경기가 나빠지지 않았다면 애초에 발생하지 않았을 일인 만큼, 당사자 간 합의가 잘 이루어지거나 건설 경기가 나아지면 생각보다 빠르게 해결될 수도 있다. 경제성을 확보하지 못해 10년 이상 표류하고 있는 노선과는 상황이 전혀 다르다.

 ## 관심 있게
살펴봐야 할 지역

당장은 어려움을 겪고 있지만, 착공이 눈앞에 있는 만큼 직접 수혜 범위에 들어오는 지역은 착공 소식과 함께 큰 주목을 받을 것이다. 그러나 위례신사선은 2기 신도시인 위례신도시 광역교통대책의 일환이며, 노선의 기점을 제외한 나머지 정차역 주변은 이미 훌륭한 생활 인프라와 교통 여건이 갖추어져 있다. 따라서 위례신사선으로 교통 여건이 획기적으로 개선되는 지역은 기점이 있는 위례신도시밖에 없다.

나는 진짜 돈이 되는 역세권 아파트에 투자한다

위례신도시는 위례호수공원을 기준으로 남위례와 북위례로 구분되는데, 위례신사선이 착공되지 않은 지금도 남위례의 평균 아파트 가격이 훨씬 비싸다. 향후 위례신사선이 착공된다면 남위례와 북위례의 평균 아파트 가격 차이는 더욱 벌어질 것이다. 모든 상황을 종합해봤을 때, 위례신사선 착공을 앞두고 가장 관심 있게 살펴봐야 할 지역으로 남위례의 위례중앙역 예정지 주변을 꼽을 수 있다.

 위례중앙역 예정지 주변에서 주목해야 할 아파트

그렇다면 위례중앙역 예정지 주변에서는 어떤 아파트를 주목해야 할까? 필자는 위례신사선 편에서는 특정 아파트를 추천하지 않을 것이다. GTX-A노선 편을 예로 들면, 동탄역 주변은 겉으로 보기에는 비슷하지만 단지마다 세부적인 차이가 있어 그 부분 중심으로 주목해야 할 아파트를 선별했다. 그러나 위례중앙역 예정지 주변은 모든 아파트 단지가 큰 차이가 없다. 어느 아파트를 선택하더라도 좋은 선택이 될 것이다.

그러나 높은 매매가 대비 낮은 전세가율 때문에 투자 목적으로 편하게 접근할 수 있는 여건이 아니다. 향후 위례중앙역 역세권 단지가 될 위례센트럴자이의 전용 84타입은 2023년 9월 실거래가 기준으로 매매는 15억 5,000만 원에, 전세는 7억 9,000만 원에 거래되었다. 그나마 이것도 최근 전세가가 많이 회복된 결과다. 투자 목적으로 접근

출처: 카카오맵

하려면 7억 원대 중반 정도의 현금이 필요하다는 것인데, DSR 규제가 시행되고 있고, 여전히 높은 기준금리를 생각하면 순수하게 위례신도시의 미래가치만을 바라보고 접근하기에는 부담이 너무 크다.

　필자가 GTX-A노선 편에서 동탄역 주변 시범단지가 앞으로도 그 일대 시세를 주도할 것이지만, 특정 아파트를 추천하지 않았던 것을 기억하는가? 현재 위례중앙역 주변 아파트도 비슷한 상황이기에 현실성 차원에서 특정 아파트를 추천하지 않는 것이다. 그러나 중요한 사실은 위례중앙역을 중심으로 한 위례신도시의 미래가치는 아직도 무궁무진하다는 것이다. 따라서 순수 투자 목적으로는 한계가 있지만, 위례신도시보다 한 단계 정도 하급지에서 부족한 만큼의 자금을 추가

● 2024~2025년 위례신도시 인근 전체 입주 예정 물량 ●

위치	단지명	입주예정일	세대수
서울 송파	더샵송파루미스타	2025년 10월	179
서울 송파	송파센텀레이크한양립스	2024년 1월	70
경기 하남	더샵하남에디피스	2024년 3월	980

출처: 아실

로 대출받아 갈아탈 생각이 있는 실거주자라면 위례신사선 착공을 앞두고 좋은 선택이 될 것이다.

더욱이 위례신도시에 속하는 서울특별시 송파구, 경기도 하남시, 경기도 성남시 수정구에는 향후 2년간 적정 수요를 크게 밑돌 정도로 입주 예정 물량이 거의 없다. 2년간의 물량을 모두 합해도 1,200세대 정도이므로 위례신도시 아파트에 전혀 위협이 되지 않는다. 위례신사선 착공을 앞두고 실거주 목적으로 갈아타기를 해둔다면, 안정적으로 완만한 가격 상승을 기대해볼 수 있을 것이다.

향후 부동산 시장 흐름과 공사 진행 상황의 연관성

이번 챕터에서는 해당 노선의 현재 상황과 투자 포인트를 분석해 봤다. 무엇을 느꼈는가? 각자 느낀 바가 다르겠지만 이것 하나만 기억하기 바란다.

개통을 앞둔 노선과 착공을 앞둔 노선은 신설 철도 노선의 주요 공사 시점을 앞두고 주변 아파트가 주목을 받을 가능성이 크다는 점에서 비슷한 상황처럼 보였다. 그러나 착공을 앞둔 노선의 주변 지역은 착공 이후부터 실제 개통까지 최소 4~5년, 길게는 10년 가까이 긴 시간이 남아 있다. 그 사이에 부동산 시장 흐름과 주변 공급 물량으로 올랐던 시세가 다시 조정받을 수도 있다. 따라서 착공 시점을 기준으로 진입했다면, 이후 부동산 시장 흐름과 예정된 공급 물량을 자주

체크할 필요가 있다. 특히 공급 물량은 인허가 후 약 3년, 착공 후 약 2년 뒤에 확인할 수 있으므로 최소한 1년 단위로 새로운 공급 물량을 체크해야 한다. 만약 향후 예정된 물량이 적정 수요를 초과할 가능성이 있다면, 내가 투자한 지역과 입지 우열을 따져봐야 한다.

이렇듯 착공을 앞둔 노선의 역세권 투자는 진입 시점도 중요하지만, 체크해야 할 것도 많다. 필자가 이 책을 통해 정리한 내용을 잘 이해하고 제대로 적용한다면 충분히 대비할 수 있을 것이다. 참고로 요즘에는 아실, 호갱노노 등 입주 물량을 수시로 확인할 수 있는 부동산 애플리케이션이 많이 있다. 휴대폰에 관련 애플리케이션을 다운받아 사용해도 좋고, PC에서 해당 사이트에 접속해 원하는 정보를 확인해도 좋다.

착공을 앞둔 노선의 역세권 투자는 계획만 잘 세우면 장기간에 걸쳐 많은 이익을 얻을 수 있다. 착공 전후에 취득한 아파트를 언제, 어떻게 매도할 것인지 확실한 나만의 기준을 세우기 바란다.

CHAPTER 3

많은 주의와 확인이
필요한 미확정 노선

경제성 확보가 쉽지 않은
8호선 의정부 연장

현재 8호선 의정부 연장 노선은 4차 국가철도망구축계획의 본 사업이 아닌, 4차 계획의 추가 검토 사업으로 선정되어 있다. 추가 검토 사업은 예비타당성조사로 경제성을 평가할 대상은 아니지만, 해당 지자체의 요구와 노선의 필요성 등을 고려해 향후 경제성을 논의할 필요가 있는 사업을 대상으로 한다. 그러나 본 사업이 아닌 추가 검토 사업으로는 예비타당성조사 대상이 될 수 없으므로 의정부시는 다가올 5차 계획에 해당 노선을 포함시키고자 최적의 노선을 놓고 고심하고 있다.

8호선 의정부 연장 노선도(안)

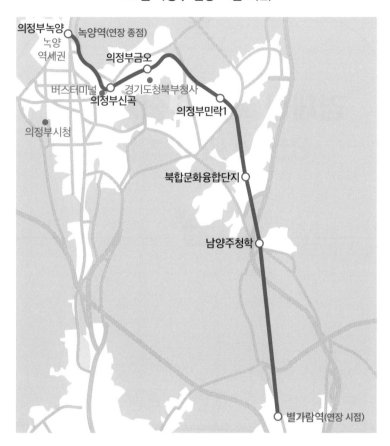

 ## 의정부시가 생각하는 최적의 노선은?

현재 의정부시는 3가지 안을 놓고 자체 사전타당성조사를 실시해 그 중 가장 높은 경제성을 확보한 노선으로 5차 계획의 본 사업에 선정되고자 열심히 준비하고 있다. 3가지 안은 큰 틀에서는 비슷하지만, 경유 순서가 다르다. 1안은 고산지구 - 민락지구 - 탑석역을 차례대로 거치는 것이고, 2안은 고산지구에서 민락지구를 거치지 않고 바로 탑석역으로 연결하는 것이며, 3안은 1안과 순서만 바꿔 고산지구 - 탑석역 - 민락지구를 차례대로 거치는 것이다. 물론 전혀 다른 노선이 등장할 수도 있다. 어느 안이 의정부시 사전타당성조사에서 가장 좋은 결과가 나올지 알 수 없지만, 어쨌든 그중에서 가장 좋은 결과가 나온 안으로 5차 계획 선정에 도전할 가능성이 크다.

그렇다면 5차 국가철도망구축계획에 포함될 수 있을까? 물론 결과는 나와봐야 안다. 그러나 어떤 안을 선택하더라도 만족할 만한 경제성을 얻어내기는 쉽지 않을 것이며, 종국에는 5차 계획에 포함되지 못할 수도 있다. 필자가 다소 부정적인 결과를 예상하는 이유는 신설 철도 노선과 주변 신규 택지지구와의 상관관계 때문이다.

신설 철도 노선과 택지, 어떤 상관관계가 있나?

신설 철도 노선과 신규 택지는 매우 밀접한 관계가 있다. 철도 노선을 신설하려면 막대한 자금이 필요하고, 이 자금은 대부분 국민의 세금으로 충당한다. 자금의 규모도 규모지만, 무엇보다 피 같은 세금이 들어간다는 점에서 충분한 경제성이 확보되지 않는다면 본 사업을 진행할 명분이 없어진다. 따라서 모든 신설 철도 노선은 예비타당성조사 과정에서 경제성을 확보하고자 모든 수단을 동원한다. 이때 애매한 경제성을 높이는 방법 중 하나로 자주 언급되는 것이 있다. 바로 기점과 종점 중간에 신규 택지를 조성하는 것이다. 택지를 조성해 주택을 공급하면 기존에 없던 상당한 인구가 해당 노선을 이용할 테니 자연스럽게 경제성이 올라갈 것이라는 주장이다.

 ## 그렇다면 민락지구와
고산지구는?

그런데 문제는 민락지구와 고산지구는 신규 노선과 상호보완적으로 조성한 택지가 아니라, 8호선과 상관없이 먼저 조성되었다는 것이다. 예를 들어보도록 하겠다. 애초에 8호선을 의정부로 연장하면서 고산지구에 1만 가구를 조성하겠다는 계획을 세웠다고 가정하자. 그런데 노선의 경제성을 평가하다 보니 1만 가구로는 도무지 경제성이 나오지 않는다. 그래서 아파트 단지 하나를 더 공급해 1만 3,000가구로 늘렸더니 경제성을 확보할 수 있었다.

이와 같이 상호보완적으로 계획을 세웠다면 상황에 따라 계획을 조금씩 변경할 수 있다. 하지만 고산지구와 민락지구처럼 이미 택지 조성이 끝나가는 상황이라면 아파트를 추가 공급하기 위해서는 새로운 도시계획이 필요하다. 이미 조성이 끝난 택지에 아파트를 추가 공급하거나 새로운 택지를 조성하려면 생각보다 많은 시간이 추가로 필요하다는 뜻이다.

민락지구와 고산지구

출처: 카카오맵

그래도 방법은
있다

물론 방법이 없는 것은 아니다. 신설 철도 노선의 경제성을 확보하는 방법으로 택지 조성 외에도 선로의 단선화, 시설의 자동화 등이 있다. 요즘에는 선로의 단선화를 많이 채택하는 추세다. 선로를 단선화하면서 경제성을 확보한 대표적인 사례로는 신분당선 호매실연장선과 7호선 포천연장선 등이 있다.

그러나 이 방법을 선택할 경우, 노선의 가치가 확연히 떨어질 수 있다. 8호선은 고속전철이 아니며, 별내역까지는 복선으로 운행된다.

그런데 고속전철이 아닌 일반 노선이, 그것도 신설 구간은 단선으로 연결된다면, 약간의 수요를 분산시키는 효과를 기대할 수는 있지만 서울 업무 중심지까지의 접근성을 전혀 개선시키지 못한다. 어쩌면 기존 광역버스를 이용하는 것과 시간 차이가 별로 나지 않을 수도 있다.

의정부 8호선 연장 이슈는 선거용으로 거론되었다가 사라지는 것을 반복하며 희망고문이 될 것인지, 적합한 방법을 찾아 당당히 5차 계획의 본 사업으로 인정받을지 관심을 갖고 지켜볼 필요가 있다.

 언제쯤 개통이 가능할까?

필자가 여러 차례 강조했듯, 확정되지 않은 노선의 개통 시기를 예상하는 것은 아무런 의미가 없다. 8호선 의정부 연장 노선이 5차 국가철도망구축계획에 포함될지도 불투명한 상황이며, 포함된다 하더라도 그때부터 예비타당성조사로 경제성을 따져봐야 한다. 최소한 예비타당성조사로 경제성을 확보하고, 이 사업을 진행해도 좋다는 결론이 나와야 착공 및 개통 시기를 예상해볼 수 있다.

나는 진짜 돈이 되는 역세권 아파트에 투자한다

예비타당성조사 재도전,
8호선 판교 연장

성남시는 기존 8호선 하행 종점인 모란역에서 판교신도시까지 3개 역을 신설할 계획이었다. 그런데 2023년 7월 예비타당성조사 신청을 앞두고 고심 끝에 신청을 철회했다.

 성남시는 왜 예비타당성조사
신청을 철회했나?

성남시는 왜 그런 결정을 내린 것일까? 간단히 말해, 신청했다가 탈락

● 8호선 판교 연장 노선도(안) ●

하는 것과 처음부터 신청하지 않는 것은 많은 차이가 있기 때문이다. 만약 예비타당성조사에서 경제성을 인정받지 못하고 탈락한다면 그 이유도 중요하다. 탈락 이유가 수정 및 보안이 불가능에 가까운 사안이라면 해당 법령이 개정되거나 여건이 크게 변화되지 않는 한, 재신청이 제한될 수 있다. 최악의 경우에는 5년마다 발표하는 국가철도망구축계획에서 아예 제외될 수도 있다.

그나마 시간이 다소 걸리더라도 국가철도망구축계획에 포함되어 있어야 경제성 평가를 계속 진행할 수 있는데, 국가철도망구축계획에서 제외된다면 재선정되기까지 다시 5년을 기다려야 한다. 기약 없이 시간만 낭비하는 것이다. 따라서 성남시는 긴 시간을 돌아가는 것보다는 자진 철회를 하고, 부족한 경제성을 단기간에 보강하는 편이 더욱 효율적이라고 판단한 것으로 보인다.

경제성을 확보하려면
어떤 대안이 필요한가?

앞서 이야기했듯 신설 철도 노선의 경제성을 높이는 방법은 2가지가 있다. 첫 번째 방법은 해당 노선을 이용하는 수요가 늘어날 수 있도록 노선을 대폭 변경하거나 기존에 없던 산업단지 또는 신규 택지를 공급하는 것이다. 이미 많은 수요가 확보된 지역을 경유하거나 기존에 없던 수요를 인위적으로 만들어 경제성을 확보하기 위함이다.

두 번째 방법은 선로를 복선에서 단선으로 변경하거나 무인화해 인건비를 감축하는 등 전체 사업비를 축소하는 방법이다. 복선을 단선으로 변경해 사업비를 줄이면서 경제성을 확보한 대표적인 사례로는 신분당선 호매실연장선과 7호선 양주연장선 등이 있다.

그래도
긍정적인 것은?

성남시는 8호선 판교 연장 노선의 경제성을 높이고자 삼평동 NC소프트 사옥, 서현공공주택지구 등을 상호보완적으로 개발할 계획이다. 이미 조성이 끝난 택지와 산업단지를 대상으로 경제성을 논하는 것이 아니라, 대규모 일자리와 신규 택지를 신설 노선과 동시에 조성할 계획을 가지고 부족한 부분을 서로 채워가며 진행하겠다는 것이다. 성남시 자체 사전타당성조사에서 경제성이 부족하다는 결과가 나와도 도시계획 일부만 변경하면 되기 때문에 완전히 새로운 도시계획을 다시 수립하는 것보다는 시간을 단축할 수 있다.

그러나 아직 예비타당성조사를 통과한 것이 아니므로 구체적인 노선이 확정되지 않았으며, 사업 자체의 존폐도 알 수 없는 상황이다. 따라서 8호선 판교 연장 사업을 대형 호재인 것처럼 앞세워 분양하는 오피스텔이나 지식산업센터에 현혹되어서는 안 된다. 그래도 판교 연장 노선은 같은 8호선인 의정부 연장 노선보다는 사정이 낫다고 볼 수 있다.

예비타당성조사 결과, 왜 2025년인가?

성남시의 계획대로 2024년 초에 자체 사전타당성조사를 실시해 좋은 결과를 얻고 관련 예산이 확보되면 2024년 6월 정도에 예비타당성조사를 신청할 수 있다. 기획재정부 심의를 거쳐 대상 사업에 선정되면 그때부터 본격적으로 경제성을 평가하는데, 최종 결과가 나오기까지는 평균 1년 정도의 시간이 필요하다.

나는 진짜 돈이 되는 역세권 아파트에 투자한다

따라서 8호선 판교 연장 노선이 그저 계획에만 그치지 않고, 무조건 진행하는 확정된 사업이 될 수 있을지는 빠르면 2025년 상반기, 늦으면 하반기 정도에 알 수 있다. 물론 이는 성남시 자체 사전타당성조사에서 만족스러운 결과가 나와야 가능한 시나리오다. 본 예비타당성조사 결과가 자체 사전타당성조사 결과보다 보수적으로 나오는 것을 고려하면, B/C값이 1을 훨씬 초과하는 결과가 나와야 확정된 사업이 될 수 있다고 판단할 수 있다.

예상 시점이 이상적이다

일단 예상 시점은 아주 좋다. 8호선 판교 연장 노선의 예비타당성조사 결과가 나올 것으로 예상되는 2025년은 새 아파트 입주 물량이 본격적으로 급감하는 시점이기 때문이다. 계획된 노선 주변은 당장 대규모 신도시 조성 계획이 없고, 2023년 건설 경기 악화로 주택 착공 및 인허가 건수가 대폭 감소했다는 점도 주목해야 한다. 일반적으로 1,000세대 내외 신축 아파트 단지는 인허가 후 약 3년, 착공 후 약 2년 정도 공사 기간이 필요하므로 8호선 판교 연장 노선 사업 확정과 함께 좋은 시너지를 낼 수 있을 것이다.

대형 개발 계획이 확정되고, 기존 아파트 가격을 위협할 대규모 주택 공급이 향후 몇 년간 적정 수요 이하라면 주변 집값은 어떻게 될까? 이 일대 아파트를 소유하고 있거나 투자 관점에서 관심 있게 보고

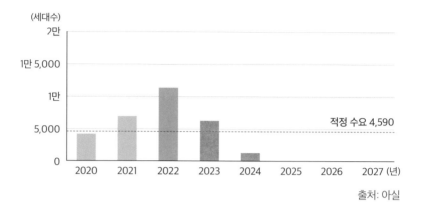

● 성남시 예정 입주 물량 ●

(세대수)

적정 수요 4,590

출처: 아실

있다면 성남시가 추진하는 자체 사전타당성조사 결과에 더욱 주목해야 한다.

예상 개통 시기는?

최초 계획은 2022년 중에 예비타당성조사를 통과하고, 2023년 중에 기본계획을 수립하는 것이었다. 이 계획대로 진행되었다면 2024년쯤에 착공해 2030년쯤에 개통을 기대해볼 수 있었다. 그러나 지금은 사업 자체의 존폐도 알 수 없는 상황이다. 따라서 현시점에서 개통 시기를 예상하는 것은 아무런 의미가 없다.

GTX처럼 특수한 공법이 필요한 경우가 아니라면, 착공 시점부터 개통까지 4~5년 정도 소요된다. 8호선 판교 연장 노선은 예비타당성

나는 진짜 돈이 되는 역세권 아파트에 투자한다

조사 통과 후에 기본계획수립을 거쳐 본격적인 착공에 들어가면 그때 비로소 개통 시기를 예상해볼 수 있을 것이다.

선거용 희망고문,
신분당선 서북부 연장

신분당선 서북부 연장 노선은 위례신사선과 더불어 특별한 진전 없이 장기 표류하고 있는 대표적인 계획 노선으로, 정치인들의 선거 공약으로 자주 등장할 만큼 해당 주민들의 염원이 담겨 있다. 지난 십수 년간 예비타당성조사에서 여러 차례 탈락했고, 그렇게 시간이 흘러 다음 국가철도망구축계획에 포함되고자 같은 과정을 반복하고 있다. 그동안 운영 방식과 노선을 변경하는 등 끊임없이 노력했지만, 냉정하게 말하면 앞으로도 신분당선 서북부 연장 노선은 경제성을 확보하기가 쉽지 않아 보인다. 왜일까?

나는 진짜 돈이 되는 역세권 아파트에 투자한다

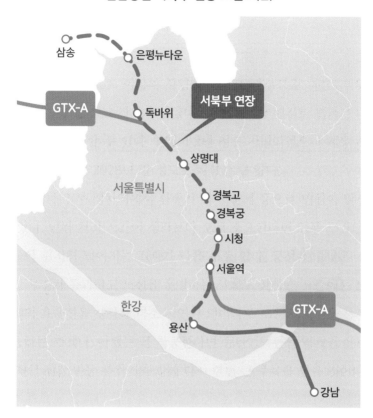

신분당선 서북부 연장 노선도(안)

위례신사선과 상황이 다르다

앞서 필자가 신분당선 서북부 연장 노선은 위례신사선과 더불어 장기 표류하고 있는 내표적인 계획 노선이라고 했지만, 군이 비교하면 위례 신사선의 사정이 훨씬 낫다. 위례신사선은 이미 경제성이 확보되었다.

남은 절차를 진행하는 도중 건설 경기 악화로 사업비 집행 방식에 대한 합의가 이루어지지 않아 기약 없이 표류하고 있지만, 서울특별시와 시공사가 협의를 통해 얼마든지 해결이 가능한 상황이다. 그러나 신분당선 서북부 연장 노선은 당장 할 수 있는 조치는 모두 취했음에도 경제성이 확보되지 않아 사업의 존폐도 확신할 수 없는 상황이다. 즉 위례신사선은 시간문제일 뿐 어떻게든 끝까지 갈 사업이지만, 신분당선 서북부 연장 노선은 아예 없었던 일이 될 수도 있다는 뜻이다.

경제성 확보를 힘들게 하는 것은 GTX-A노선이다?

신분당선 서북부 연장 노선의 경제성 확보를 힘들게 하는 원인으로 GTX-A노선을 빼놓을 수 없다. 애초에 신분당선 서북부 연장 계획이 필요했던 이유는 은평뉴타운과 인근 택지지구의 심각한 교통 문제를 해결하기 위함이었다. 실제로 이 지역에서 서울 업무 중심지로 접근하려면 기존 3호선과 은평뉴타운 바로 옆을 지나는 도로가 전부인데, 은평뉴타운과 인근 택지지구 주민들은 모두 같은 루트를 이용하기 때문에 교통 문제가 매우 심각했다.

그런데 2024년 3월 개통을 앞둔 GTX-A노선이 출근 시간에 3호선과 은평뉴타운 옆 도로에 집중된 수요를 상당수 분산시킬 것으로 예측되면서, 정작 신분당선 서북부 연장 노선이 가져올 수요가 많지 않을 것으로 계산되었다. 기존 수요를 적절히 분산시켜 이용자가 많아

나는 진짜 돈이 되는 역세권 아파트에 투자한다

• 은평뉴타운 및 인근 택지지구 •

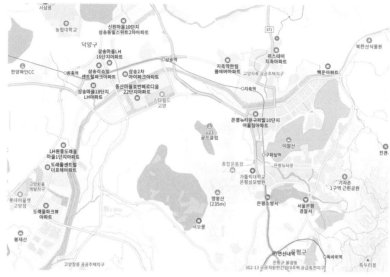

출처: 카카오맵

야 경제성이 확보되는데, 먼저 경제성을 확보한 고속전철이 개통을 앞두고 있으니 명분이 점점 약해지는 것이다.

예비타당성조사 면제 대상이
될 수는 없나?

물론 지역 균형 발전 그리고 경제성과 별도로 꼭 필요한 사업이라는 당위성이 인정된다면 예비타당성조사 면제 대상이 될 수 있다. 그러나 신분당선 서북부 연장 노선은 이마저도 쉽지 않은 상황이다. 여기서 말하는 '경제성과 별도로'는 '무조건'이 아니라 '어느 정도'라고 보는 것이 타당하다. 즉 경제성이 부족하지만 꼭 필요해 예비타당성조사 과정을 면제해주더라도 최소한의 경제성은 확인되어야 한다.

그도 그럴 것이, 공익사업이라고는 하지만 들인 비용 대비 어느 정도 성과가 나와야 노선 자체를 계속 유지할 수 있다. GTX-A노선 개통까지 앞둔 마당에 신분당선 서북부 연장 노선은 최소한의 경제성 조차 확보하지 못했다고 볼 수 있다.

 ## 노선을 신설하려는 목적과
향후 경제성의 관계는?

더 큰 문제는 2023년 8월에 실시한 예비타당성조사 결과, 은평뉴타운과 인근 택지지구를 적절히 경유하는 노선이었음에도 B/C값이 0.36에 불과했다는 점이다. 0.36이라는 수치는 무엇을 의미할까? 해당 노선을 운영할수록 64%씩 손해가 발생한다는 의미다. 신분당선 서북부 연장 노선이 경제성을 확보하려면 다른 경우보다 더 많은 보강이 필요하다.

앞서 신설 철도 노선과 신규 택지지구는 경제성 확보 면에서 매우 밀접한 관련이 있다고 이야기했다. 그런데 신분당선 서북부 연장 노선을 이용할 은평뉴타운과 삼송지구, 지축지구 등은 이미 택지 조성이 끝난 상황이다. 신분당선 서북부 연장 사업을 진행하면서 경제성이 부족하다는 결론이 나왔다면 그에 맞게 택지 규모를 늘리고 아파트를 추가 공급해야 하는데, 이미 조성이 끝나 변경이 불가능하다.

완전히 새로운 택지를 공급해 수요를 늘릴 수도 있지만, 이 경우 새로운 도시계획과 상당한 시간이 추가로 필요하다. 그리고 본 목적이 은평뉴타운과 주변 택지의 교통 문제를 해결하기 위함이라면, 전혀 다른 지역을 경유하도록 노선을 수정하는 것도 본질에 맞지 않다. 서울특별시는 노선을 수정한 후에 예비타당성조사에 재도전할 의사를 밝혔지만, 경우의 수는 많지 않을 것이다.

신분당선 서북부 연장, 이대로 백지화될까?

이대로 경제성을 확보하지 못하고 2026년까지 표류한다면, 5차 국가철도망구축계획에 포함되기 위한 절차를 다시 밟아야 한다. 다시 원점으로 돌아가야 하는 것이다. 그러나 GTX-A노선 개통 예정으로 상황이 더 어려워졌기에 5차 계획에 포함될 것이라는 보장도 없다. 국가 예산이 들어가는 모든 철도 노선은 일단 국가철도망구축계획에 포함되어야 경제성을 따질 수 있는 만큼, 5차 계획에 포함되지 못한다면 신분당선 서북부 연장 계획은 역사 속으로 사라질 수도 있다.

우리도 연장을 원한다!
GTX-C노선 병점, 동두천, 천안, 아산 연장

2022년 하반기부터 2023년 상반기까지 이어진 하락장 이후, 서울 및 수도권 집값이 본격적인 상승세로 접어들었다. 그중 화성시의 집값 상승세가 다른 지역에 비해 월등히 뚜렷하다. 화성시 내에서도 곧 GTX-A노선 개통을 앞둔 동탄신도시와 동탄인덕원선 착공을 앞둔 병점이 집값 상승을 이끌고 있다.

이런 분위기 속에서 2023년 8월 화성시는 의미 있는 결과 하나를 발표했다. GTX-C노선의 기존 종점인 수원역에서 병점역까지 연장하는 계획이 엄청난 경제성을 가지고 있다는 것이었다. 물론 예비타당성조사의 문턱을 넘지 못하고 표류하고 있는 노선들도 해당 지자체가

나는 진짜 돈이 되는 역세권 아파트에 투자한다

병점역 GTX-C 노선도(안)

실시한 사전타당성조사에서는 모두 경제성이 있는 것으로 발표되었기에 화성시의 발표가 큰 의미가 없을 수도 있다. 그러나 화성시가 발표한 것처럼 경제성이 엄청나게 우수한 경우는 흔치 않으므로 주목할 필요가 있다.

높은 B/C값이 나온 이유

그렇다면 화성시가 자체적으로 확인한 B/C값은 얼마였을까? 자그마치 5.0이 나왔다. 이는 해당 노선을 운행할수록 비용 대비 500%의 수익이 기대된다는 의미다. 공익사업치고는 너무나도 큰 이익이 아닌가? 앞서 이야기했듯 일반적으로 B/C값이 1이 넘으면 경제성이 있다고 판단한다. 지자체 사전타당성조사 결과는 본 예비타당성조사 결과보다 다소 공격적으로 산출한다는 점을 고려하더라도 화성시에서 발표한 5.0이라는 수치는 아직 국가철도망구축계획에 포함되지는 않았지만 상당히 의미 있는 수치라 할 수 있다.

사업비 적게 들고, 이용 수요 넉넉하고

그렇다면 어떻게 이런 결과가 나온 것일까? 3가지로 정리해 이야기할 수 있다. 첫 번째는 선로를 새로 만들 필요가 없다는 점이다. 기존 GTX-C노선인 덕정역부터 수원역까지는 GTX 전용 선로를 새로 개설하지만, 기존 종점인 수원역에서 병점역까지는 선로를 추가로 개설하지 않고 기존 1호선 선로를 공유하는 방식으로 사업비를 대폭 줄였다.

두 번째는 해마다 지속적으로 기대 수요가 늘어나고 있다는 점이다. 화성시의 인구는 계속해서 증가하고 있으며, 화성시가 자체적으로 실시한 조사에서도 GTX-C노선이 개통될 예상 시점부터 2040년까지 수천 명의 이용 수요가 늘어날 것으로 계산되었다.

마지막 세 번째가 가장 중요한데, GTX-C노선을 병점역까지 연장하는 데 들어가는 모든 사업비뿐만 아니라 개통 후 노선의 운영비를 모두 화성시가 부담하는 것으로 계획했다는 점이다. 국가 재정 지원

나는 진짜 돈이 되는 역세권 아파트에 투자한다

없이 모든 비용을 지자체가 부담하는 방식을 '원인자부담방식'이라고 한다.

전반적으로 건설 경기가 좋지 않고 계속해서 자재비가 오르는 시기에는 이미 확정된 노선도 사업비 부담 주체가 누구냐에 따라 새로운 국면을 맞이하기도 한다. 가장 대표적인 예로 앞서 소개한 위례신사선을 꼽을 수 있다. 위례신사선은 지금 당장 착공해도 아무런 문제가 없는 상황이다. 하지만 사업비 부담 주체가 민간사업자이다 보니 착공을 앞두고 서울특별시와 이견이 발생했다. 그런데 GTX-C노선 병점 연장 계획처럼 처음부터 화성시가 모든 비용을 부담하겠다고 확실히 밝히면 향후 비슷한 일이 다시 발생하더라도 착공이 미루어지는 문제를 해결할 수 있다.

 향후 예상 진행 상황은?

정리하면, 신설 철도 사업이 경제성을 확보하고 실현되려면 이용 수요가 많고, 돈이 적게 들어야 하며, 향후 개통했을 때 운영비와 운영 방식을 어떻게 할 것인지 명확하게 해야 한다.

GTX-C노선 병점 연장은 경제성이 충분하다는 자체 결론만 나왔을 뿐, 확정된 것은 아무것도 없다. 그러나 원인자부담방식으로 진행될 예정인 만큼, 예비타당성조사를 포함해 많은 시간이 소요되는 행정절차를 거칠 필요가 없다. 또한 철도 개발을 지연시키는 원인에 대한

• 동탄신도시와 병점 사이에 예정된 역사 위치 •

병점역

동탄역

직선거리 약 5.5km

출처: 카카오맵

대안이 마련되었기에 다른 노선에 비해 진행 속도가 빠를 것이라 예
상된다.

최근 화성시의 부동산 시장 분위기는 매우 좋다. GTX-C노선까지
확정되면 동탄신도시와 병점은 직선거리 약 5.5km 사이에 기존 1호
선과 더불어 고속전철 2개 노선, 경기 남부 교통 소외 지역을 GTX와
연결하는 복선전철 1개까지 총 4개 노선이 생기는 훌륭한 광역철도망
을 구축하게 된다. 서울과 물리적 거리가 멀고 조용한 경기도 외곽 지
역 이미지가 강했던 병점이 서울과 가까워질 날도 머지않았다. 이 지
역에 관심이 있다면, 필자가 동탄인덕원선 편에서 설명한 내용을 다시
한번 읽어보기 바란다.

나는 진짜 돈이 되는 역세권 아파트에 투자한다

동두천시 GTX-C노선 연장
건의서 제출

2023년 9월, 병점역 반대쪽에 있는 동두천시에서 GTX-C노선을 동두천까지 연장해 달라는 건의서를 국토교통부에 공식적으로 제출했다. 물론 동두천시도 나름의 근거를 바탕으로 노선 연장을 요구한 것이지만, 건의서를 제출한다고 해서 다 받아주는 것은 아니다. 일단 해당 지자체가 공식 건의서를 제출하면 국토교통부는 자체적으로 수행한 사전타당성조사 결과를 바탕으로 사업을 추진할지 결정하는데, 여기서 적합하다는 결과가 나와야 본격적으로 국가철도망구축계획에 포함되어 경제성을 평가받을 수 있다.

가능성은
얼마나 될까?

신설 노선은 사업비가 적게 들면서 이용 수요가 많아야 한다. 단 사업비가 많이 들더라도 이용 수요가 넉넉하거나 반대로 이용 수요는 많지 않더라도 해당 노선을 설치하는 데 사업비가 많이 발생하지 않는다면 실현 가능성이 있다. 가장 최근 사례인 GTX-C노선 병점 연장에서 답을 찾을 수 있다. 물론 병점 연장 역시 확정된 것은 아니지만 화성시에서 진행한 자체 사전타당성조사 결과 B/C값이 어마어마하게 나왔다.

이런 결과가 나올 수 있었던 것은 해당 노선과 관련된 모든 사업비를 화성시에서 부담하고, 기존 1호선 선로를 그대로 사용하면서 사업비를 대폭 축소시켰기 때문이다.

그렇다면 동두천 연장은 어떨까? 답은 간단하다. 높은 경제성을 확보하려면 화성시의 사례를 그대로 적용하면 된다. 다행히 동두천시는 화성시와 상황이 매우 비슷하다. 같은 1호선 선로가 이미 개설되어 있고, GTX-C노선 연장을 요구하고 있는 것까지 같다. 동두천시가 화성시처럼 모든 사업비를 부담할 수 있다면, 1호선 선로를 공유하는 형태로 높은 경제성을 확보할 수 있는 상황이다.

그런데 동두천시는 화성시와 비교했을 때, 결정적인 차이가 있다. 그것은 과연 무엇일까? 화성시를 포함한 평택시, 오산시 일대는 경기도에서 인구 증가율이 가장 높다. 사업비가 적게 든다는 장점도 있었지만, 이용 수요 또한 꾸준히 증가할 가능성이 크기 때문에 비록 사전타당성조사 결과이지만 좋은 B/C값을 얻을 수 있었다. 그러나 동두천시는 다르다. 현재 예상 이용 수요는 물론이고, 향후 증가할 수요 역시 화성시에 미치지 못할 뿐만 아니라 수도권 전체 평균에도 미치지 못한다.

즉 같은 방식을 적용하더라도 사전타당성조사 결과가 병점 연장 노선과 상당한 차이가 있을 것이며, 생각한 것 이상으로 높은 결과를 도출하기 힘들 수도 있다. 그러나 동두천 연장 역시 사전타당성조사 결과 B/C값이 1이 넘고, 원인자부담방식으로 진행한다면 생각보다 더욱 속도를 낼 수도 있다.

나는 진짜 돈이 되는 역세권 아파트에 투자한다

천안, 아산 연장은 어떨까?

GTX-C노선 천안, 아산 연장은 각 지자체의 요구에 국토교통부가 오히려 역으로 제안을 한 상황이다. 이 제안의 대략적인 내용은 각 지자체가 요구하는 방식은 국비 지원이 어려우니 추가 연장에 필요한 모든 사업비를 각 지자체에서 부담하라는 것이다. 즉 연장을 원한다면 화성시처럼 원인자부담방식으로 진행하라는 뜻이다.

GTX-C노선은 2024년 1월에 착공식을 했고, 2024년 중에 전 구간을 착공할 예정이다. 이 말은 당장 착공에 들어가도 아무런 문제가 없을 정도로 관련 행정 절차가 완료되었다는 뜻으로 이해할 수 있다. 그런데 현재 천안시와 아산시가 요구하는 건 이미 확정된 노선 중간에 정차역을 신설하는 것이 아니다. 그들은 기존 노선에서 해당 지자체로 노선을 연장해 달라고 요구하고 있다.

이러한 경우는 사업비 증가로 인한 적정성 검토로 끝나지 않고, 본 노선과 별도로 완전히 새로운 노선을 신설하는 계획으로 추진해야 한다. 물론 이 과정에서 일정 이상의 국비가 투입된다면 다음 회차 국가철도망구축계획에 포함시키고, 그때부터 예비타당성조사를 받는 등 필요한 행정 절차를 추가로 밟아나가야 한다. 각 지자체는 신속한 진행을 요구하고 있지만, 국토교통부 입장에서는 일정 이상의 국비가 투입되면 절차가 아무리 순조롭게 진행된다 하더라도 상당한 시간이 추가로 필요할 수밖에 없다.

지자체가 주저하는 이유

그렇다면 국토교통부에서 해결 방안을 제시했음에도 각 지자체가 주저하는 이유는 무엇일까? GTX-C노선을 아산시까지 연장하는 데 필요한 사업비는 1,100억 원 이상이다. 이 비용을 해당 지자체가 모두 감당하기에는 너무 벅차다고 판단했을 것이다.

그렇다면 현시점에서 방법은 2가지다. 본선 진행과 무관하게 국비 지원을 받고 다음 회차 국가철도망구축계획에 포함되어 예비타당성조사를 거쳐 별도의 사업으로 진행하거나, 사업에 필요한 모든 비용을 지자체가 스스로 마련하는 것이다. 객관적으로 봤을 때 1,100억 원이 넘는 사업비를 광역시도 아닌 일반시에서 단독으로 감당하기에는 많은 어려움이 있다.

GTX-C노선 천안, 아산 연장은 각 지자체가 어떤 결정을 내리느냐에 따라 실현 가능성 및 속도가 좌우될 것이며, 어떤 결정을 내리든 분명 상당한 시간이 필요할 것이다.

나는 진짜 돈이 되는 역세권 아파트에 투자한다

오랜 동료에서 적으로?
5호선 김포, 검단 연장

필자가 그동안 책, 유튜브, 방송 등에서 가장 많이 언급한 지역은 김포 한강신도시와 검단신도시다. 그러나 그때마다 긍정적인 말보다는 아쉬움이 섞인 말을 많이 했다. 이유가 무엇이었을까? 비슷한 시기에 조성한 다른 2기 신도시보다 부족한 점도 많고, 지원도 열악하기 때문이다. 김포시와 인천광역시는 2023년 12월까지 5호선 연장 노선을 유치하는 것, 조금 더 자세히는 노선의 경유 방식과 정차역의 위치를 놓고 결론을 내지 못하다가 2024년 1월 비교적 김포시의 요구에 가까운 중재안을 내놓았다.

김포시와 인천광역시가 대립하고 있다?

한강신도시는 김포시 소재, 검단신도시는 인천광역시 소재로 서로 다른 지자체이지만, 같은 교통망을 통해 서울로 출퇴근할 수밖에 없는 상황이다. 따라서 철도 노선 하나를 연결하더라도 두 지자체의 의견이 하나가 되어야 하고, 어느 한쪽에 치우치는 계획을 세우면 다른 한쪽이 피해를 볼 수밖에 없다. 이런 특징 때문에 두 신도시의 집값 흐름도 같은 현상을 보인다. 5호선 연장 계획만 놓고 보더라도 큰 틀에서는 김포 한강신도시와 검단신도시 주민 모두에게 이득이 되는

●김포시와 인천광역시가 제안하고 있는 연장 노선도●

나는 진짜 돈이 되는 역세권 아파트에 투자한다

사업이다.

그러나 두 지자체는 정차역 설치 방식을 놓고 대립하고 있다. 김포시는 검단신도시에 1개 정차역을 설치할 것을, 인천광역시는 3개 정차역을 설치할 것을 요구하고 있다. 모두 나름의 근거가 있지만, 현재로서는 어느 한쪽의 주장을 적극적으로 수용하기가 쉽지 않아 보인다. 왜 그럴까?

1개 정차역이 타당하다는 김포시의 주장

일단 김포시는 서울로 연결되는 광역교통망이 2기 신도시 중에서 가장 열악하다. 그래서 김포시는 예비타당성조사 과정을 면제해서라도 검단신도시에 1개 정차역을 신속하게 설치해야 한다고 주장하고 있다. 다만 이 주장을 받아들이기에는 가장 중요한 경제성 확보에 문제가 생길 수 있다.

더욱이 예비타당성조사 과정을 면제해서라도 신속하게 추진해 달라고 요구하는 건 김포시 스스로 노선을 이용할 수요가 충분하지 않다는 것을 인정한다는 전제가 깔려 있다.

물론 경제성이 확보되지 않아도 지역 균형 발전 차원에서 예비타당성조사 과정을 면제하고 추진하는 사업도 있다. 하지만 어디까지나 허용할 수 있는 범위 이내여야 가능하다. 요구한다고 해서 무조건 들어주는 것은 아니다. 정리하면, 김포시의 주장은 검단신도시에서 본 노선을 이용할 수요를 충분히 흡수할 수 없어 경제성 확보에 큰 문제가 생길 수 있다.

3개 정차역이 타당하다는 인천광역시의 주장

그렇다면 인천광역시의 주장은 어떨까? 인천광역시는 해당 노선의 안정적인 경제성 확보와 검단 주민의 교통 편의를 위해 검단신도시에 3개 정차역을 설치하는 것이 타당하다는 의견을 굽히지 않고 있다. 이 경우는 경제성을 확보할 수는 있지만, 5호선을 김포시까지 연결하는 의미가 없어진다는 점이 문제다. 골드라인 하나에 의존해 매일 지옥을 오가는 김포시와 서울 직결노선이 없는 검단신도시의 현실을 생각하면 이전 교통 체계의 문제점을 해결할 수 있는 신규 노선이 들어와야 한다.

그런데 검단신도시에 3개 정차역을 설치하면 기존 교통 체계의 문제점을 해결하지 못하고, 그냥 구불구불한 완행노선이 하나 더 생기는 것에 불과하다. 더욱이 김포시는 추가로 1만 세대 이상이 거주하는 신규 택지 공급 계획까지 발표한 상태다. 검단신도시에 3개 정차역을 설치하더라도 노선이 하나 더 생기면 기존 수요를 분산하는 효과가 있겠지만, 1만 세대 이상이 추가 공급된다면 늘어난 수요 때문에 기존 수요가 분산되는 효과를 기대하기 힘들 것이다. 그냥 지옥철 2개가 생기는 것이나 다름없다.

나는 진짜 돈이 되는 역세권 아파트에 투자한다

대도시광역교통위원회의
중재안이 갖는 의미

대도시광역교통위원회가 중재안을 발표한 이후 김포시와 인천광역시의 분위기가 극명하게 엇갈렸다. 그러나 기뻐할 것도, 좌절할 것도 없다. 왜일까? 중재안 역시 확정된 것이 아니기 때문이다. 철도 계획 확정은 경제성이 객관적으로 증명된 이후부터를 말한다. 행정 절차상으로 본다면, 예비타당성조사 이후다.

그런데 5호선 김포, 검단 연장은 이제 막 사업 대상을 정했을 뿐이다. 이 노선대로 무조건 진행하겠다는 것이 아니라, 김포시와 인천광역시가 대립하느라 대상도, 기준도 없던 개발 계획을 이제 겨우 정한 것에 불과하다. 이제부터 중재안을 기준으로 필요한 예산도 확보해

• 5호선 김포, 검단 연장 노선도(안) •

야 하고, 이 노선대로 진행했을 때 경제성이 있느냐도 평가받아야 한다. 그러다 결국 경제성을 인정받지 못하면 노선을 수정해야 할 수도 있고, 계획이 백지화될 수도 있다. 따라서 중재안의 역세권에 들어간 지역이라 해서 대박이 날 것이라 섣부르게 판단해서도, 반대로 중재안에서 제외된 지역이라 해서 5호선과의 인연이 영원히 끝난 것이라 생각해서도 안 된다.

5호선 자체가 근본적인 해결책은 아니다

한동안 잠잠했던 5호선 김포, 검단 연장 관련 뉴스가 나오면 필자는 '또 선거철이 다가오는구나' 하고 생각한다. 2기 신도시 조성 목적은 서울에 집중된 인구를 서울에서 멀지 않은 인근 경기도로 분산시키고, 일터가 있는 서울까지 원활하게 출퇴근할 수 있도록 하는 것이다. 계획이 제대로 실현되려면 거주지인 신도시 자체를 잘 조성하는 것도 중요하지만, 거주민이 원활하게 출퇴근할 수 있도록 적절한 시기에 필요한 광역교통망을 만들어주어야 한다.

그런데 같은 시기에 같은 목적으로 조성했음에도 광역교통망이 개통을 앞둔 곳도 있고, 확정된 것이 아무것도 없는 곳도 있다. 그렇다면 과연 김포 5호선 연장은 한강신도시를 비롯한 김포시 전역 광역교통망의 효과적인 해결책이 될 수 있을까? 필자는 근본적인 문제를 해결하기에는 역부족이라고 생각한다.

나는 진짜 돈이 되는 역세권 아파트에 투자한다

그 이유는 노선의 특징 때문이다. 다른 2기 신도시 상황을 생각해 보자. 동탄은 GTX-A노선, 양주는 GTX-C노선, 위례는 8호선과 위례 신사선, 다산은 8호선과 GTX-B노선, 광교와 판교는 신분당선 등을 통해 강남 직결 또는 간편한 환승으로 강남 접근이 가능하도록 했고, 거리가 멀다면 고속전철을 연결해 접근성을 높이고 있다.

그런데 5호선은 어떤가? 고속전철도 아니고, 환승을 통해서도 여전히 강남까지의 접근성이 좋지 않다. 여의도까지 직결된다는 것은 그나마 고무적이지만, 현재 계획대로라면 풍무동이나 걸포동 쪽이라면 모를까, 한강신도시 뒤쪽인 구래동이나 마산동 쪽에서는 여의도에 도달하는 데 1시간 가까이 걸릴 것이다. 김포 한강신도시와 검단신도시에는 골드라인과 5호선 같은 어정쩡한 일반전철보다 서울 직결 고속전철이 필요하다. 그것이 바로 지역 균형 발전의 시작이다.

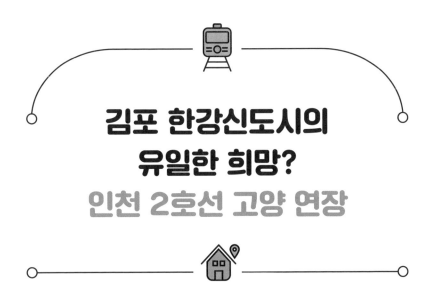

김포 한강신도시의
유일한 희망?
인천 2호선 고양 연장

인천 2호선은 4차 국가철도망구축계획에 포함된 노선이지만, 사실 인천 2호선 자체의 가치는 크지 않다. 서울 직결노선도 아니고, 그저 해당 지역 주민의 교통 편의를 개선하는 노선에 불과하기 때문이다. 그러나 전철노선은 그 자체가 가지는 가치도 중요하지만, 향후 계획으로 어디서 어떻게 환승할 수 있느냐에 따라 얼마든지 가치가 달라질 수 있다. 인천 2호선은 고양 연장 사업으로 김포 한강신도시 걸포북변역에서 딱 한 정거장만 이동하면 일산 킨텍스역에서 GTX-A노선과 환승이 가능해질 수도 있다. 바로 이 점 때문에 인천 2호선이 큰 주목을 받기 시작했다.

나는 진짜 돈이 되는 역세권 아파트에 투자한다

● 인천 2호선 고양 연장 노선도(안) ●

 ## 예비타당성조사 대상이 되기까지
왜 오랜 시간이 필요했나?

인천 2호선은 4차 국가철도망구축계획에 당당히 포함된 노선이지만,
예비타당성조사 대상이 되기까지 오랜 시간이 걸렸다. 왜일까? 바로
노선 자체의 특징 때문이다. 계획된 노선도를 보면 인천 2호선 고양연

장선은 짧은 노선임에도 3개 지자체, 즉 인천광역시, 김포시, 고양시를 거친다. 이와 같이 짧은 노선이 여러 지자체를 경유할 때는 지자체 간 협조가 반드시 필요하다. 따라서 예비타당성조사를 신청하기 전에 노선 건설비, 각종 재원 마련, 운영비 분담 등 다양한 문제를 논의하는 데 상당한 시간이 소요될 것이다. 인천 2호선 고양 연장 사업은 자체 사전타당성조사 결과 충분한 경제성이 예상된 사업이므로, 지자체 간 협의가 마무리되는 대로 본 예비타당성조사를 신청할 것으로 보인다.

인천 2호선에 사활을 걸어야 하는 이유

앞서 이야기했듯 김포 한강신도시와 검단신도시는 대표적인 2기 신도시이지만, 마땅한 광역교통망이 구축되어 있지 않다. 바로 이것이 다른 2기 신도시와 비교했을 때, 유난히 집값이 저렴한 결정적인 이유다. 이에 대한 대안으로 골드라인이 운행되고 있고, 5호선을 김포까지 연장하는 등 대안을 준비하고 있지만, 현재까지 나온 대안들은 한강신도시와 검단신도시의 궁극적인 교통 문제를 전혀 해결할 수 없다. 물리적 거리를 보나, 두 신도시의 입지를 보나 서울 직결노선으로 효과적인 개선을 기대하기 힘들다면, 현재로서는 인천 2호선을 통해 간편한 환승으로 킨텍스역에서 서울 업무 중심지로 신속하게 이동할 수 있도록 하는 것이 가장 현실적인 대안이라 할 수 있다.

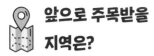

앞으로 주목받을 지역은?

그렇다면 인천 2호선 고양 연장 사업이 본격적인 궤도에 오르면 어느 지역이 가장 주목을 받을까? 바로 골드라인 걸포북변역 주변이다. 현재 김포시 평균 집값은 서울 접근성이 가장 좋은 풍무동이 가장 높고, 골드라인을 중심으로 뒤로 갈수록 점점 낮아지는 경향을 보이고 있다. 현재로서는 도시에서 외부로 나가는 이동 수요를 대부분 골드라인이 수송하기 때문이다. 그러나 인천 2호선 고양 연장이 경제성을 확보하고 사업이 확정되면, 복합환승센터까지 예정된 걸포북변역 주변 아파트를 기준으로 김포시 집값 서열이 새롭게 정리될 것이다.

단 인천 2호선 고양 연장 역시 확정된 것이 아니므로 투자 관점과 실거주 관점으로 철저히 구분해 생각해야 한다. 투자가 목적이라면 향후 사업이 지체될 경우 자금이 묶이고, 의도치 않게 장기투자가 될 위험이 있다. 하지만 실거주를 목적으로 걸포북변역 주변을 생각하고 있다면 집값이 상당한 조정을 받은 후 반등하고 있는 지금, 선진입하는 것도 나쁘지 않은 선택이 될 것이다.

김부선? 김용선?
GTX-D노선

우리나라 철도 역사상 GTX-D노선만큼 많은 주목을 받았던 노선도, 정말 뜬금없는 결론으로 마무리된 사례도 없을 것이다. GTX-D노선이 한창 거론되었을 때는 5호선 연장에 대한 구체적인 이야기가 나오지 않았던 시기라 김포 한강신도시와 검단신도시 주민들은 물론, 영종하늘도시 주민들까지 노선 형태가 어떻게 결정될지 긴장된 마음으로 결과를 기다렸다.

그런데 최종 확정된 노선은 경기도와 인천광역시, 그 누구의 요구도 반영되지 않은, 한강신도시 장기역에서 부천종합운동장역까지만 연결하는 이도 저도 아닌 이상한 형태였다. 분노한 해당 주민들은 이

나는 진짜 돈이 되는 역세권 아파트에 투자한다

• GTX-D 노선도(안) •

노선을 김포와 부천종합운동장역을 잇는 어정쩡한 노선이라는 의미로 '김부선'이라고 불렀다. 주민들의 엄청난 반발에 정부는 뒤늦게 향후 건설될 GTX-B노선의 선로를 공유하는 형태로 부천종합운동장역부터 용산역까지 노선을 연결하겠다는 궁여지책을 내놓았다. 지금은 김포 한강신도시부터 용산역까지 연결하는 노선이라 해서 비공식적으로 '김용선'이라고 불린다.

 ## 경기도와 인천광역시가 각각 제안한 노선은?

그렇다면 당시 경기도와 인천광역시는 어떤 형태의 노선을 채택해 달라고 요구했을까? 조금 더 자세히 살펴보자. 당시 경기도는 한강신도시 장기역에서 검단신도시를 거쳐 3기 신도시인 계양-부천종합운동장-구로-사당을 거쳐 상남으로 직결하는 노선을 제안했고, 인천광역시는 경기도의 제안 사항을 대부분 수용하되, 부천종합운동장역에서 영종도와 인천국제공항으로 분기하는 Y자 노선을 제안했다.

결론적으로 두 제안 모두 채택되지 못했는데, 그 이유는 경기도가 제안한 노선은 경제성이 부족해서, 인천광역시가 제안한 노선은 사업비가 지나치게 많이 들어서였다. 그렇게 두 지자체의 제안 사항은 4차 국가철도망구축계획에 포함되지 못했고, 결국 앞서 이야기한 대로 김용선 형태로 급하게 마무리 지어 현재 4차 국가철도망구축계획에 포함시킨 상태다.

Y자 노선이 다시 거론되는 이유

그런데 2023년 하반기에 인천광역시가 자체 사전타당성조사를 실시해 이전에 제안한 Y자 노선의 실현 가능성을 다시 거론하기 시작했다. 그 이유는 무엇일까? 자체 사전타당성조사 결과 B/C값이 1.18이 나왔기 때문이다. 1.18이라는 수치는 해당 노선을 운행할수록 18%씩 이익을 기대할 수 있다는 뜻이다. 인천광역시는 비록 사업비가 지나치게 많이 들어 반려당한 노선이지만, 충분히 추진할 만한 가치가 있다고 목소리를 높였다. 그러나 보수적인 예비타당성조사의 벽을 넘으려면 사전타당성조사 결과가 조금 더 여유 있게 나와야 한다. 1.18은 다소 애매한 것이 사실이다.

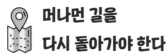
머나먼 길을
다시 돌아가야 한다

인천광역시가 Y자 노선을 계속 추진하고자 한다면 앞으로 머나먼 길을 다시 돌아가야 한다. 왜일까? 이 책을 처음부터 읽었다면, 철도 개발 단계가 대략 머리에 그려질 것이다. 이미 4차 국가철도망구축계획에 포함된 김용선 형태의 노선 계획을 전면 철회하고 Y자 형태의 노선을 포함시키려면 다음 5차 국가철도망구축계획 발표 시점인 2026년까지 아무것도 하지 않고 일단 기다려야 한다. 즉 앞으로 3년 동안은 아무것도 하지 못하고 시간만 흘려보내는 꼴이 된다.

만약 계획대로 순조롭게 5차 계획에 포함된다 하더라도 그때부터 경제성 평가를 위한 예비타당성조사를 받아야 한다. 앞서 필자가 이야기했듯 인천광역시가 자체 사전타당성조사를 통해 얻은 B/C값인 1.18이라는 수치는 다소 부족한 감이 있다. 예비타당성조사에서 탈락한 뒤 노선과 사업비를 조정한 다음, 다시 예비타당성조사에 도전하는 과정을 끊임없이 반복하게 될 가능성이 크다. 이 과정이 길게는 10년까지 소요된 사례도 있다.

어정쩡한 김용선 형태로 신속하게 추진하는 것이 좋을까, 아니면 개통이 아닌 사업 확정까지만 넉넉잡아 10년 이상을 기다려서라도 Y자

노선을 추진하는 것이 좋을까? 필자도 GTX-D노선의 경우는 어느 방법이 옳은지 판단하기 어렵다. 여러분의 눈에는 GTX-D노선이 호재로 보이는가?

나는 진짜 돈이 되는 역세권 아파트에 투자한다

단절된 두 택지를 연결하는
7호선 양주 지선

양주신도시는 2기 신도시 중 하나로, 입주 초기에는 미분양 물량이 속출하는 등 어려움을 겪었지만, 지난 폭등기에 많은 투자자가 유입되면서 상당한 주목을 받았다. 그러나 지난 하락장에서 투자자가 많이 진입한 지역이 유난히 낙폭이 컸듯, 양주신도시 역시 어려움을 겪기도 했다. 수도권에서 양주신도시만큼 부동산 시장 분위기에 따라 냉탕과 온탕을 오간 지역도 없을 것이다.

양주신도시는 크게 옥정지구와 회천지구로 나뉘어 개발되었는데, 두 택지 사이는 구도심으로 단절되어 있다. 옥정지구는 상대적으로 생활 인프라가 좋고, 회천지구는 옥정지구에 비해 생활 인프라는 부족하지만, GTX-C노선 개발로 교통에서는 우위에 있다. 이렇듯 옥정지구와 회천지구는 각자 자신만의 장점을 가지고 있다.

 ## 단절된 옥정지구와 회천지구를 7호선으로 연결한다?

그런데 2023년 7월, 경기도는 옥정지구로 연결되는 7호선을 연장해 GTX-C노선이 정차하는 덕정역을 연결하는 계획안을 발표했다. 옥정

● 덕정~옥정 연결 지선(안) ●

나는 진짜 돈이 되는 역세권 아파트에 투자한다

지구는 오래전부터 기존 장암역에서 7호선이 연결될 예정이었다. 하지만 옥정지구에서 서울 북부 경계까지의 거리가 20km 이상이기 때문에 7호선을 이용하더라도 서울 업무 중심지까지의 접근성을 크게 개선하지 못한다는 문제점이 있었다. 그러나 옥정역과 덕정역을 연결하면 두 택지가 단절된 느낌을 지울 수 있고, 무엇보다 옥정지구 주민들은 간편한 환승으로 GTX-C노선을 이용해 서울로 빠르게 진입할 수 있는 여건이 마련된다.

 ## 좋은 계획이지만
아쉬운 점이 있다?

물론 국가철도망구축계획에 포함되어야 하고, 경제성도 따져봐야 한다. 그러나 이 모든 것이 순조롭게 진행된다 하더라도 아쉬운 점이 있다. 예비타당성조사를 통과하기 전에는 계획이 얼마든지 수정될 수 있기에 단정하기 이르지만, 현재 발표된 계획대로라면 옥정역에서 7호선을 연장해 덕정역으로 연결하는 노선은 7호선의 본선이 아니라 지선에 불과하다.

대표적인 예로 2호선 성수역을 꼽을 수 있다. 2호선은 수도권 전철노선 중에서 서울의 핵심 지역만 연결하는 황금 노선이다. 하지만 성수역에서 신설동까지 이어지는 2호선 지선은 교통 소외 지역의 교통 여건을 개선한다는 취지는 좋았지만 본선과 별도로 운행하기 때문에 배차 간격도 길고, 같은 노선임에도 환승을 해야 하는 불편함이 있다. 즉 배차 간격이 긴 다른 노선으로 환승하는 것이나 다름없다. 물론 없던 노선이 생기면서 단절된 두 택지를 연결하고 옥정지구의 서울 접근성을 높인다는 점에서는 좋은 계획이지만, 의도와 달리 노선의 효율은 많이 떨어질 수밖에 없다.

실현 가능성은 얼마나 될까?

향후 개발 방향을 통해 실현 가능성을 어느 정도 추측할 수 있다. 결정적인 단서는 GTX-C노선이 정차하는 덕정역을 일반 정차역이 아닌 복합환승센터로 개발할 예정이라는 점이다. 복합환승센터를 도입하는 목적은 보다 편리한 환승 시스템과 쾌적한 부대시설을 통해 많은 유동인구를 효율적으로 수송하는 것이다. 현재 덕정역에서 GTX-C노선을 이용할 수요는 동두천, 양주 구도심, 회천지구에서 거꾸로 올라가는 수요 정도인데, 이 정도 수요만으로는 복합환승센터를 운영하기 힘들다.

복합환승센터의 장점을 극대화하려면 더 많은 수요가 필요하다. 옥정지구에서 7호선으로 넘어오는 수요가 더해진다면 매우 이상적인 형태가 될 것이다. 7호선 양주 지선을 이용할 유동인구와 옥정지구에서 넘어오는 수요까지 더해지면 덕정역 주변은 복합환승센터의 장점이 극대화되어 몰라보게 발전되는 효과를, 옥정지구는 서울 접근성이 획기적으로 좋아지는 효과를 동시에 누릴 수 있을 것이다.

나는 진짜 돈이 되는 역세권 아파트에 투자한다

그러나 아직 먼 이야기다. 이 자체를 호재로 삼기에는 무리가 있다는 점을 잊지 말아야 한다. 확정되지 않은 노선은 완전히 다른 노선으로 변경될 수도 있고, 아예 없었던 일이 될 수도 있다는 것을 명심해야 한다.

경제성 확보와
노선 효율성의 동상이몽

이번 챕터에서는 각 노선에서 주의 깊게 살펴봐야 할 지역을 별도로 언급하지 않았다. 미확정 노선은 언제든 변경될 수 있고, 예정된 정차역이 없어지거나 전혀 다른 위치로 이동할 수도 있으며, 10년 이상 아무런 진전 없이 표류할 수도 있기 때문이다. 즉 그 자체를 호재로 볼 수 없다.

더욱이 같은 미확정 노선이라 해도 상황에 따라 향후 실현 가능성이 크게 차이가 날 수도 있다. 그렇다면 왜 이런 차이가 발생하는 것일까? 비슷한 상황을 두고 상반된 평가가 나오는 이유는 철도 개발을 진행할 때 결과는 같아도 과정이 완전히 다르기 때문이다. 여러 차례 이야기했듯 미확정 노선은 경제성 확보가 관건이며, 결국 노선의 효율성을 분리해서 생각할 수 없다.

그리고 서울 업무 중심지에서 거리가 먼 외곽 지역일수록 경제성과 효율성이 상충하는 경우가 많다. 겉보기에 두 노선이 똑같이 경제성 문제로 예비타당성조사 문턱을 넘지 못하고 있다 하더라도, 주변 택지와의 상관관계와 수요를 분산시킬 다른 노선의 유무에 따라 실제로는 운명이 완전히 달라질 수도 있다. 또 무리하게 경제성을 높이다 보면 효율성이 떨어져 있으나 마나 한 노선이 될 수도 있다.

따라서 투자 관점에서 미확정 노선을 볼 때는 단순히 어떤 단계를 밟고 있는지, 결과가 언제 나오는지 등과 같은 객관적인 사실보다는 무엇 때문에 경제성을 확보하지 못했는지, 경제성을 확보하기 위한 구체적인 방법은 무엇인지, 경제성이 부족하다면 얼마나 부족한지 등을 확인해야 한다. 이 정도만 잘 체크해도 곧 확정될 노선인지, 10년이 지나도 똑같은 문제로 해당 지역 주민들의 마음을 애타게 할 노선인지 구분할 수 있다. 신설 노선 계획이 발표되었다고 해서 다 호재가 아니라는 사실을 반드시 기억해야 한다.

PART 3

급변하는 부동산 시장에
대비하는 체력 키우기

CHAPTER 1

역사는 반복된다,
미리 공부하고 대비하자

시장이 변하는 원인을 알아야
현명하게 대처할 수 있다

이론적으로 부동산 시장에 영향을 미치는 요소는 몇 가지나 될까? 부동산 시장은 생각보다 많은 경제지표의 영향을 받는다. 그렇다면 부동산 투자를 하기 전에 반드시 기본적인 경제 공부를 해야 할까? 물론 아는 것이 많은 사람이 그렇지 않은 사람보다 유리한 점이 있다. 하지만 필자가 지난 15년간 전업 부동산 투자자로 살면서 경험한 바로는, 일반인이 부동산 투자로 수익을 올리기 위해서는 굳이 학자 수준의 공부를 할 필요가 없다.

그리고 실무에서는 그 정도의 폭넓은 지식을 요구하지도 않는다. 필자가 이 책을 집필한 목적 또한 일반인이 어렵지 않게 내 집을 마련하고, 나아가 미래를 준비하는 기반을 마련할 수 있도록 돕기 위함이지, 학문을 연구하고자 함이 아니다. 따라서 일반 투자자는 최근 부동산 시장의 흐름과 특징을 간략하게 파악하고, 왜 그런 결과가 초래되었는지 정도만 알면 부동산 투자를 통해 얼마든지 만족할 만한 수익을 올릴 수 있다.

 ## 단기 폭등 이후의 단기 폭락, 어떻게 봐야 할까?

최근 3년간 부동산 시장 트렌드는 무엇이라고 생각하는가? 지난 상승장과 하락장을 공통으로 경험한 사람이라도 분명 각기 다른 답변을 내놓을 것이다. 필자는 최근 3년간 부동산 시장 트렌드를 '급변' '폭락' '폭등'으로 정리하고 싶다. 부동산 시장 흐름에 따라 집값이 오르내리는 것은 지극히 보편적이고 정상적인 현상이다. 너무 많이 오른다 싶으면 억제 정책이 나오고, 너무 많이 떨어진다 싶으면 부양 정책이 나온다.

그런데 최근 부동산 시장은 이런 보편적인 흐름 속에서 이전에는 보이지 않았던 현상이 나타났다. 상승폭과 하락폭이 유난히 컸으며, 기간 또한 매우 짧았다. 왜 이런 현상이 나타난 것일까? 여러 요인이 있지만, 가장 주된 요인은 지나치다 싶을 정도로 많은 정보가 투자자들의 심리를 자극했기 때문이다.

필자가 처음 부동산 투자를 시작한 15년 전에는 부동산에 관심을 보이는 사람도 많지 않았고, 시장 참여자의 연령층 또한 매우 한정적이었다. 부동산 관련 정보를 얻을 수 있는 수단도 오직 뉴스와 신문뿐이었다. 그래서 실제로 부동산 시장을 침체시킬 수 있는 외부 요인이 있어도 온 국민이 경각심을 가질 정도로 파급효과를 기대하기 힘들었다.

그런데 요즘은 어떤가? 부동산 관련 정보를 얻을 수 있는 수단이 너무나 많다. 스마트폰만 가지고 있으면 때와 장소 제한 없이 누구나 쉽게 부동산 관련 정보를 얻을 수 있다. 또한 전문가들의 다양한 의견을 무료로 들을 수 있다. 부동산 관련 책과 강연도 많고, 꼭 전문가가 아니더라도 자신의 부동산 투자 경험을 바탕으로 블로그나 유튜브를 운영하는 사람도 크게 늘었다. 부동산에 조금만 관심이 있다면, 관련 정보를 단시간에 쉽게 얻을 수 있는 세상이다. 즉 최근에 있었던 단기 폭락과 단기 폭등 현상은 정보의 홍수로 지나친 공포감 또는 기대감이 조성된 결과라 할 수 있다.

금리도 오르고 전쟁 때문에 물가도 올라 곧 부동산 시장이 침체될 것이라는 정보가 넘쳐나면 공포를 느낀 투자자들이 단기간에 매물을 내놓아 가격이 내려가기 시작한다. 반대로 곧 GTX 같은 고속전철이 개통되고, 주변에 예정된 공급 물량이 없다는 정보가 넘쳐나면 너도나도 추격매수에 동참한다. 급속도로 늘어난 거래량은 원래 올라야 할 가격보다 더 많이 오르는 현상을 만든다. 한마디로 관련 정보가 빨리 전달되어 가격이 오를 때는 더 많이 오르도록, 가격이 떨어질 때는 더 많이 떨어지도록 한다.

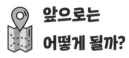

앞으로는
어떻게 될까?

앞으로 이 세상은 부동산 관련 정보를 얻는 방법과 수단이 더 많아지면 많아졌지, 절대 줄어들지는 않을 것이다. 앞으로도 부동산이 단기간에 급등 또는 급락하는 현상은 얼마든지 발생할 수 있다는 뜻이다. 부동산 투자는 2년마다 돌아오는 전세 만기 시점이 매매를 결정하는 중요한 기준이 되기도 한다. 전세 만기 때문에 더 보유하고 싶어도 팔아야 할 수도 있다. 현재 분위기라면 2년이라는 짧은 시간에도 얼마든지 흐름이 급변할 수 있다. 따라서 앞으로는 영혼까지 끌어 모아 투자하는 것은 지양해야 한다. 뒤를 대비할 수 없는 형태의 투자는 트렌드와 맞지 않다. 본인이 감당할 수 있는 범위 내에서 대출을 활용하되, 시장이 급변했을 때 세입자의 전세보증금 차액을 보전할 수 있도록 여유자금까지 계산해야 한다.

부동산 관련 데이터,
너무 믿지 말자

빅데이터를 기반으로 향후 부동산 시장 흐름을 예측하는 사람이 늘고 있다. 그러나 최근 부동산 시장 흐름을 통해 알 수 있듯 과거 데이터만으로 예측할 수 없는 상황도 있으며, 앞으로 이런 현상은 더욱 심화될 것이다. 따라서 과거 데이터를 근거로 한 예측은 참고 자료 정도로만 활용해야 하며, 절대 맹신해서는 안 된다. 앞으로 데이터로 설명할 수 없는 심리가 차지하는 비중이 점점 커질 것이다. 따라서 '과거에는 이랬으니 앞으로도 이럴 것이다'라는 생각은 무척이나 위험하다.

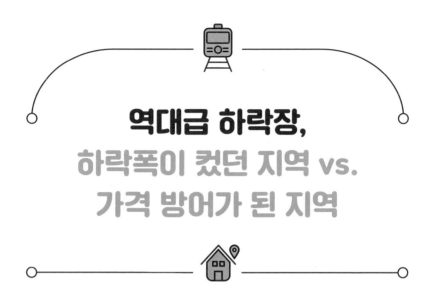

역대급 하락장,
하락폭이 컸던 지역 vs.
가격 방어가 된 지역

바로 직전의 하락장을 피부로 직접 느낀 사람이라면, 아마도 공포 그 자체였을 것이다. 집값이 어느 정도 오른 후에 조정 및 하락장이 찾아오는 것은 자연스러운 현상이지만, 이번 하락장은 유난히 하락폭이 크고 기간이 짧았기 때문이다. 당장 방어할 자금이 없는 투자자들은 하루에도 수백, 수천만 원씩 떨어지는 상황에 밤잠을 설쳤을 것이다.

그런데 각 지역을 세분화해 살펴보면, 평균 이상으로 어마어마한 하락률을 기록한 지역도 있었지만, 반대로 하락률이 생각보다 크지 않은 지역도 있었다.

나는 진짜 돈이 되는 역세권 아파트에 투자한다

하락폭이 컸던 지역 vs. 가격 방어가 된 지역

A아파트와 B아파트의 최근 1년간 가격 변동 추이를 자세히 살펴보자. 먼저 A아파트부터 살펴보자. 아래 그래프에서 볼 수 있듯이, 지난 상승장의 정점이었던 2021년 후반에 전용 59타입이 4억 6,000만 원에 거래된 이후 단계적으로 조금씩 하락하다 1년 후에 2억 4,000만 원의 실거래가를 기록했다. 낙폭은 2억 2,000만 원, 하락률은 무려 47.8%였다. 이는 서울 및 수도권 평균 하락률보다 훨씬 높은 수치였다.

그렇다면 B아파트의 가격 변동 추이는 어떤가? 지난 상승장의 정점이었던 2021년 후반에 전용 84타입이 4억 5,000만 원에 거래된 이

◆ 평균 이상의 하락폭을 기록한 지역의 A아파트 ◆

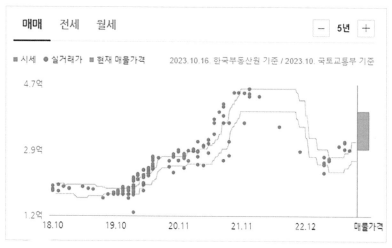

출처: 네이버부동산

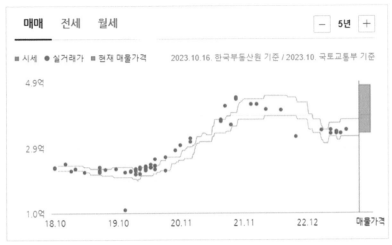

매매   전세   월세   − 5년 +

■ 시세   ● 실거래가   ■ 현재 매물가격   2023.10.16. 한국부동산원 기준 / 2023.10. 국토교통부 기준

4.9억

2.9억

1.0억
18.10   19.10   20.11   21.11   22.12   매물가격

출처: 네이버부동산

후 단계적으로 가격이 조금씩 하락하다 1년 후에 3억 6,000만 원의 실거래가를 기록했다. 낙폭은 9,000만 원, 하락률은 정확히 20%였다. 물론 해당 집값이 20% 하락했다는 것은 객관적으로 큰 수치이지만, 서울 및 수도권 전체 평균과 비교했을 때는 상당히 낮은 수치다. 그러 므로 B아파트의 가격은 지난 큰 폭의 하락장에서 비교적 가격 방어가 된 것이라 볼 수 있다.

그렇다면 두 아파트가 속한 지역은 어떤 차이가 있을까? A아파트 가 속한 지역은 서울 업무 중심지까지 물리적 거리가 멀고 마땅한 직 결노선도 없지만, 곧 고속전철 착공이 예정되어 있고 도시 내 연계 교 통까지 계획된 상태다. 즉 미래가치가 있으며, 실거주자 대비 미래가 치를 보고 진입한 투자자 비율이 높다.

그렇다면 B아파트가 속한 지역은 어떨까? 이곳은 서울까지 거리가 먼 한적한 경기도 외곽 지역이며, 아직 마땅한 개발 계획 소식이 없다. 그러나 여러 단지의 아파트와 학교, 기본적인 상권이 잘 갖추어져 있어 투자자보다는 실거주자 비율이 높다.

 ## 왜 이런 현상이 발생한 것일까?

먼저 투자자 비율이 높은 지역을 생각해 보자. 앞서 여러 차례 이야기했듯 투자자가 보유한 주택은 미래가치와 상관없이, 어쩔 수 없이 팔아야 하는 상황이 생길 수 있다.

가장 좋은 예가 시장 흐름과 상관없이 2년마다 돌아오는 세입자의 계약 만기일이다. 지난 하락장에서 기준금리 단기 급등으로 전세자금대출을 받아 전세로 거주하는 것보다 보증금 비율을 줄이고 월세를 내는 것이 더 이득인 상황이 발생했다. 그로 인해 월세를 선택하는 사람들이 늘어났고, 반드시 전세 계약을 맺어야 하는 매물이 전세 세입자를 찾지 못해 시장에 쌓이기 시작하면서 전세가가 단기 폭락했다. 마침 이 기간에 전세 계약 만기일이 돌아왔고, 큰 폭으로 하락한 전세가와 기존 전세가의 차액을 돌려줄 상황이 되지 않는 투자자들은 어쩔 수 없이 매물을 저렴하게 던질 수밖에 없었다.

거기에 일시적 1가구 2주택 유예 기간 내에 주택을 처분하지 않으면 막대한 세금이 발생하는 경우까지 더해진 상황도 있었을 것이다.

침체된 분위기 때문에 매수자가 나타나지 않으니 호가를 계속 낮출 수밖에 없었고, 그로 인해 매매가가 단기간에 폭락하고 말았다.

그렇다면 실거주자 비율이 높은 지역은 어떨까? 실거주자가 많은 지역도 부동산 시장의 영향을 받기는 하지만, 실제 타격은 훨씬 덜하다. 사람은 반드시 거주할 곳이 필요하고, 더욱이 실거주자라면 자녀의 학교, 직장과의 거리, 생활 커뮤니티, 종교 생활 등 이미 모든 여건을 갖추어놓았을 것이다. 정말 부득이한 상황이 발생하지 않는 한, 급하게 집을 처분하는 사람은 극히 드물다. 단순히 부동산 시장 상황이 좋지 않다는 이유로 생활 터전까지 바꿔가며 급하게 집을 매도할 사람은 많지 않다는 뜻이다. 따라서 대단한 미래가치가 있어 집을 계속 보유한다기보다 급하게 던질 이유가 없으므로 호가를 급격하게 낮추지 않아 매매가도 폭락하지 않는 것이다.

어느 지역에 투자해야 할까?

그렇다면 하락폭이 평균 이상인 지역과 가격 방어가 된 지역 중에서 어느 지역에 투자하는 것이 좋을까? 지금까지 이 책을 꼼꼼하게 읽었다면 전자를 선택해야 한다는 사실을 잘 알 것이다. 해당 지역의 하락폭이 컸던 건 부동산 시장 분위기 때문에 어쩔 수 없이 던진 매물이 많아 나타난 일시적인 현상일 뿐, 해당 지역의 미래가치가 사라진 것은 아니기 때문이다. 미래가치는 여전히 살아 있으므로 시장 분위기만

나는 진짜 돈이 되는 역세권 아파트에 투자한다

좋아진다면 언제든지 투자자들이 다시 진입할 수 있다. 투자자들이 다시 진입하기 시작하면 거래량이 늘어나고, 가격도 빠르게 상승할 것이다. 실제로 두 아파트의 그래프를 비교해 봤을 때, 같은 기간에 하락폭이 더 컸던 지역이 반등하는 속도와 거래량이 더 많다는 것을 알 수 있다.

2023년 이후,
역전세난으로 다시 한번
가격이 폭락할까?

단기 하락장을 뒤로하고 시장이 반등한 지금, 또 하나의 화두는 역전세난이다. 역전세란, 전세 시세가 이전 세입자의 보증금보다 낮은 수준으로 하락해 집주인이 세입자의 보증금을 돌려주지 못하는 상황을 말한다. 지난 문재인 정부에서 2020년 7월에 시행한 임대차3법으로 집주인들이 4년간 올리지 못할 전세가를 미리 올려 받으면서 전세가가 폭등했고, 오른 전세가는 매매가를 밀어 올려 결국 지난 폭등장의 불을 지폈다. 그 상황에서 부동산 시장 침체기가 찾아왔고, 떨어진 전세가만큼을 세입자에게 돌려줄 상황이 되지 않는 집주인들이 급하게 집을 처분하면서 매매가도 동반 하락했다.

역전세난,
왜 문제가 되는 것일까?

임대차3법의 핵심이라 할 수 있는 계약갱신청구권은 2년간 거주한 후에 연장 계약을 체결할 때 직전 보증금의 5%를 초과하지 못하도록 하는 것이다. 예를 들어, 시세는 앞으로 20~30% 오를 것 같은데 직전 보증금의 5%를 초과하지 못하도록 강제한다면 어떤 현상이 일어날까? 집주인들은 법안이 시행되기 전에 앞으로 인상이 예상되는 만큼 보증금을 올려 전세 계약을 체결하기 시작했다. 그 움직임이 본격적으로 시작된 시점은 법이 시행되기 약 1년 전인 2019년 후반이었다. 따라서 미리 보증금을 올려 받았던 매물이 4년간의 계약 기간을 끝내고 본격적으로 시장으로 나오기 시작하는 시점은 2023년 후반이다. 비록 전세가가 최저점보다 회복된 상태이긴 하지만, 아직 4년 전에 올려 받았던 전세가에 미치지 못하는 상황이며, 역전세를 감당하지 못한 집주인들이 대거 투매에 나설 가능성이 크다.

 ## 정말 역전세난이
올까?

그렇다면 과연 본격적인 역전세난으로 다시 집값이 폭락하는 사태가 발생할까? 크게 2가지 이유에서 그럴 가능성은 크지 않다. 첫 번째 이유는 이 상황을 예측한 상당수의 투자자가 본격적인 역전세난이 발생하기 전에 매물을 정리했기 때문이다. 앞으로 전세가가 회복된다 하더라도 상승폭은 한계가 있을 것이고, 대출도 어려운 마당에 정리하자는 생각으로 미리 움직인 투자자가 많다.

두 번째 이유는 세입자의 보증금을 돌려줄 목적으로 받는 주택담보대출은 DSR 40% 제한 없이 주어진 LTV 안에서는 가능하도록 정책이 바뀌었기 때문이다. 이는 일부 투자자가 매물을 어느 정도 정리한 이후에 나온 정책이다. 역전세난을 우려했던 건 이전 전세가보다 낙폭이 너무 커 보증금 차액 자체가 큰 것도 있지만, 대출을 받아 돌려주고 싶어도 DSR 40% 제한에 걸려 대출 자체가 실행되지 않았기 때문이다.

그러나 역전세난을 우려한 정부가 세입자의 보증금을 돌려줄 목적으로 주택담보대출을 받을 때는 DSR 40%를 적용하지 않기로 조건부 규제를 완화한 상태다. 따라서 이자를 감당할 여력이 있고, 보유한 주택이 미래가치가 충분하다고 판단한 집주인들은 주택을 급하게 매도하기보다 대출을 받아서라도 보증금 차액을 돌려주고, 새로운 전세계약을 체결해 계속 보유하려고 할 것이다.

물론 2024년까지는 임대차3법의 영향을 받은 매물이 꾸준히 나올 것이다. 하지만 역전세 매물이 집값에 영향을 미치더라도 앞서 설명한 2가지 이유로 그 폭은 미미할 것으로 예상된다.

2025년, 다시 한번
가격이 폭등할까?

해당 지역에 인구가 늘고, 신규 주택을 제때 공급하지 못하면 어떤 현상이 발생할까? 물론 집값에 영향을 미치는 요인은 공급 물량 외에도 여러 가지가 있지만, 필요한 시기에 원활하게 주택을 공급하지 못하면 희소가치가 있는 신축 아파트를 중심으로 주변 집값이 단계적으로 오를 것이다.

따라서 현재 신규 주택의 인허가 및 착공 물량을 살펴보면 이후 신규 주택 공급 물량을 예상할 수 있고, 더 나아가 가까운 미래의 부동산 시장의 흐름, 즉 집값이 오를지 안 오를지를 대략적으로 예상할 수 있다.

향후 신규 주택 공급
계획은 어떨까?

일반적으로 주택 인허가 및 착공 건수는 약 2~3년 후 신규 주택공급량을 예측하는 지표가 된다. 실제 인허가를 받고 착공에 들어간 아파트 단지가 준공되기까지 대략 2~3년의 기간이 필요하기 때문이다. 따라서 2023년 인허가 및 착공 물량의 감소 또는 증가는 2025년부터 부동산 시장에 조금씩 영향을 미치기 시작할 것이다. 정부 발표에 따르면, 2023년 1~8월 전국 주택 인허가 건수는 2022년 대비 약 30%, 착공 건수는 약 56% 감소했다.

이유가 무엇일까? 우선 전쟁 등의 외부 요인으로 인건비와 원자재 가격이 상승하면서 전반적인 공사 비용이 대폭 증가했기 때문이다. 실제 재건축 또는 재개발 사업지에서는 공사 비용을 놓고 조합원과 시공사 간 이견이 발생하는 빈도가 잦으며, 그로 인해 시공사 선정을 아예 철회하는 사태까지 발생하고 있다.

건설사가 공사 비용을 조달하는 방식 자체도 문제다. 건설사는 신규 아파트를 건설하기 위해 PF(Project Financing)라는 방법을 통해 자금을 조달한다. PF란, 당장 담보할 부동산의 실체가 없어도 프로젝트의 미래 사업성을 기반으로 돈을 빌려주는 것을 말한다. 신용이 확실한 국가, 지자체, 대기업 등이 대규모 개발 사업을 위한 자금을 조달할 때 주로 활용한다. 그러나 실체를 담보로 하는 것이 아닌 만큼 기본적으로 금리가 높고, 특히 요즘처럼 고금리 기조가 이어질 때는 건설 경기를 악화시키는 주된 원인이 되기도 한다.

이런 움직임을 예측한 정부는 수도권을 중심으로 기존 계획보다 공공분양 물량을 더 늘리고, 안전하고 신속하게 사업이 진행될 수 있도록 인센티브 제공 및 관리·감독을 더욱 철저히 하며, 공공분양의 전매제한을 한시적으로 풀어 주택 공급 공백이 발생하지 않도록 하는 정책을 발표했다. 그러나 이는 실질적인 해결 방안으로 보기 어렵다. 특히 서울은 신규 택지가 없어 정비사업으로 주택을 공급할 수밖에 없는데, 원자재 가격, 인건비, 금리 인상이라는 삼중고를 겪으며 난항에 빠져 공급 급감은 피할 수 없다.

 ## 그렇다면
대안은 없나?

그렇다고 해서 대안이 없는 것은 아니다. 주택 공급은 반드시 신축 아파트를 지어 공급하는 것만 말하는 것이 아니다. 다주택자가 투자 목적으로 보유하고 있는 제2, 제3 주택을 시장으로 나오게 하는 방법도 대안이 될 수 있다.

그러나 이 방법 또한 정부에서 내세울 카드가 마땅치 않다는 점이 문제다. 지난 문재인 정부에서 다주택자가 투자를 통해 보유한 주택이 시장으로 나올 수 있도록 보유세와 양도소득세를 중과하고, 관련 법안을 시행하기 이전에 유예 기간을 두었다. 하지만 다주택자들이 유예 기간 동안 매물을 내놓지 않고 버티기에 돌입하면서 오히려 매물이 귀해져 집값이 폭등하는 등 많은 문제가 발생했다. 더욱이 세금 중과 정책은 현 윤석열 정부의 정책 기조와 맞지 않아 현실성이 없다.

그렇다면 오히려 세금을 대폭 완화하는 정책은 어떨까? 이 카드 역시 윤석열 성부가 출범하면서 이미 소진했다. 정부 출범과 동시에 양도소득세 중과를 1년간 유예했고, 중과된 형태로 세금을 내느니 차라리 가격을 낮추어 팔겠다는 매물이 쏟아져 나오면서 제대로 효과를 봤다. 그러나 다주택자 양도소득세 중과 정책은 여전히 유예 중이고, 다음 총선을 기점으로 완전히 폐지될 것으로 보인다.

그렇다면 이제 일정 조건을 충족한 매물에 대해 양도소득세를 아예 면제하는 정책 정도를 기대해볼 수 있다. 그러나 사실상 중과 정책을 폐지하는 분위기에서 세금 자체가 크지 않고, 이제야 집값이 조금씩 회복되고 있어 세금을 조금 아껴보겠다고 미래가치가 남은 주택을 매도하는 다주택자는 많지 않을 것이다.

이 모든 내용을 종합해 보면, 신규 주택 공급이 대폭 감소하기 시작하는 2025년부터 집값이 본격적으로 자극받기 시작할 것을 조심스럽게 예측할 수 있다.

나는 진짜 돈이 되는 역세권 아파트에 투자한다

지식산업센터의 봄날이
다시 올 수 있을까?

지난 상승장에 고공 행진을 한 아파트 가격에 살짝 가려져서 그렇지, 지식산업센터도 많은 투자자의 주목을 받았다. 왜일까? 크게 3가지 이유 때문이다.

첫 번째 이유는 대출이 상대적으로 잘 나오기 때문이다. 지식산업 센터에 입주하는 기업은 대부분 중소기업이다. 정부와 지자체는 일자리 창출과 지역 경제 활성화를 위해 지원을 아끼지 않았다. 대출도 그중 하나인데, 일반적으로 분양가의 70~90% 정도 대출이 나오고, 경매로 낙찰받았을 때는 낙찰가의 90% 이상 대출이 나오기도 한다. 당장 돈이 없어도 마음만 먹으면 쉽게 취득할 수 있다.

두 번째 이유는 세금 혜택이 많기 때문이다. 기본적으로 취득세와 재산세가 감면되고, 과밀억제권역에서 성장관리권역으로 본사를 이전하는 법인은 4년간 법인세가 면제된다.

세 번째 이유는 주택 수에 포함되지 않아 자유롭게 매수할 수 있기 때문이다. 주택과 달리 취득세와 양도소득세 중과 규정이 없고, 분양을 받으면 계약금만으로 입주까지 보유할 수 있다.

이 모든 내용을 종합해 보면, 아파트 가격에 부담을 느낀 투자자들이 훌륭한 대체 상품으로 선택하기에 손색이 없었다.

지식산업센터가 갑자기 몰락한 이유

그런데 그리 잘나가던 지식산업센터가 왜 몰락하게 된 것일까? 이유는 간단하다. 부동산 시장 분위기가 급변하면서 단기간에 수요가 대폭 줄었기 때문이다. 단기 금리 인상과 양도소득세 중과 한시적 유예 정책이 발표되면서 주택 매물이 시장에 쏟아져 나왔다. 시장에 주택 매물이 넘쳐나니 다른 부동산까지 수요가 미치지 못했다.

상승기에는 급지 순서대로 아파트 가격이 오르고, 오를 대로 오른 가격은 수요 이동으로 지식산업센터를 포함한 다른 부동산 가격까지 자극했지만, 반대로 하락기에는 역순으로 수요가 빠져나가니 지식산업센터를 포함한 다른 부동산부터 타격을 입은 것이다. 금리가 낮을 때는 대출 한도가 높은 것이 지렛대가 되었지만, 금리가 단기간에 오르면서 지렛대가 오히려 큰 부담이 된 것도 크게 한몫했다고 볼 수 있다.

수도권 신도시를 중심으로 최근 공급한 지식산업센터에 가보면, 지식산업센터 자체 공실도 문제이지만, 더 큰 문제는 공실로 남아 있는 1층과 지하에 있는 상가라는 것을 알 수 있다. 필자는 부동산 시장 분위기와 상관없이 가급적이면 신도시 상가는 분양받지 말라고 말한다. 그 이유는 분양가 자체가 높을 뿐만 아니라, 상권이 잡히고 꾸준히 이용할 수요가 발생하기까지 상당히 오랜 시간이 필요하기 때문이다. 특히 요즘 같은 고금리 시대에는 분양을 받아놓고 대출 이자를 감당하지 못해 경매시장으로 나가는 상가가 생각보다 많다. 지식산업센터와 상가는 상호보완적이어야 이상적인데, 이런 모습이 갖추어지려면 많은 시간이 필요하다는 사실을 간과한 것이다.

 ## 앞으로 지식산업센터는 어떻게 될까?

주택 시장은 2022년 말부터 확연하게 살아났지만, 지식산업센터는 여전히 잠잠하다. 그렇다면 지식산업센터는 언제쯤 다시 주목받을 수 있을까? 지난 상승장에서 지식산업센터가 큰 인기를 끈 이유는 주택의 대체 상품으로 투자자들의 선택을 받았기 때문이다. 따라서 다시 분위기가 좋아지려면 주택 시장이 반등 수준이 아니라 확연한 상승세로 돌아서야 한다. 그래야만 투자 수요가 지식산업센터까지 발을 뻗을 가능성이 크다.

그리고 시장 분위기가 전환되더라도 지식산업센터는 필요 이상으로 공급이 많았기 때문에 그 많은 물량이 원활하게 거래되려면 생각보다 많은 시간이 필요할 수도 있다. 직접 사업장을 마련해야 하는 실수요자라면 분양가보다 낮은 수준으로 나오는 급매나 경매 매물을 노려보는 것이 좋다.

그러나 단순 투자 목적이라면 지금은 진입할 시기가 아니다. 필자 주변에도 무리하게 지식산업센터를 분양받았다가 이러지도 저러지도 못해 결국 자신의 사업장을 차린 사람이 있다. 설령 경매를 통해 분양가보다 낮은 낙찰가로 잡을 수 있다 하더라도 투자 목적으로는 적합하지 않다. 임차인을 제때 구하는 것도 어렵고, 설령 구한다 해도 투자 자금 대비 수익률이 현저히 낮을 가능성이 크기 때문이다.

만약 지식산업센터에 관심이 있다면, 서울 및 수도권 주택 시장 동향에 초점을 맞추고 시장 변화를 수시로 체크해야 한다. 찬바람이 쌩쌩 부는 지식산업센터 시장에 다시 봄날이 찾아오려면 먼저 주택 시장이 활성화되어야 한다는 사실을 잊지 않길 바란다.

CHAPTER 2

이제부터 실전이다,
이것만은 기억하자

가격이 올라도, 떨어져도
집을 사지 못하는 이유

부동산 시장 흐름에 대한 기본적인 공부를 마쳤다면, 실전에 돌입해 보자. 부동산을 직접 사보고, 직접 팔아봐야 진짜 내 것이 될 수 있다. 부동산을 단 한 번도 매매해본 적이 없거나 경험이 지극히 부족한 사람은 급변하는 부동산 시장을 바라보며 상승장과 하락장의 끝자락에서 늘 "그때 샀어야 해!"라며 푸념을 늘어놓는다.

많은 사람이 적절한 시기를 놓치고 이런 푸념을 늘어놓는다는 건 어쨌든 집을 사야겠다는 막연한 생각을 가지고 있었다는 것을 의미한다. 그런데 그들은 왜 생각이 있음에도 실행으로 옮기지 못한 것일까? 여러 가지 이유가 있겠지만, 가장 주된 이유는 상승장에서는 '너무 많이 오른 상태에서 상투를 잡는 것이 아닐까?' 하는 불안감이 있고, 하락장에서는 '더 떨어지지는 않을까?' 하는 불안감이 있기 때문이다.

 ## 상승장에서는 어떨까?

먼저 하락장을 끝내고 분위기가 반등되었거나 하루가 다르게 집값이 오르는 상황을 생각해 보자. 주변에서 부동산 시장 분위기가 좋다는 이야기가 많이 들린다. 두 사람 이상이 모이면 부동산에 대한 대화를 나눈다. 여기저기에서 어느 아파트를 얼마에 샀는데, 불과 몇 개월 만에 수천만 원이 올랐다는 실질적인 사례까지 들린다.

　이러다가 나만 뒤처지는 것은 아닌가 걱정이 되어 그때부터 인터넷을 열심히 검색하기 시작한다. 마침 적당한 매물이 보인다. 그런데 이것저것 알아보는 사이에 수천만 원이 오른다. 추가 자금을 마련하는 것도 문제이지만, 이 가격에 사도 되는지 불안감이 밀려오기 시작한다. 그렇게 고민하는 사이 또 수천만 원이 오른다. 지난번에 샀어야 했다는 후회와 함께 지금 가격에 매물을 사도 되는지 주변 사람들에게 의견을 묻기 시작한다.

　이쯤 되면 누군가의 조언을 듣고 싶은 것이 아니라, 본인이 듣고 싶은 말을 누군가가 해주기를 바란다. 그리고 그제야 부동산 전문가에게 상담을 받는다. 어렵게 결단을 내리고 처음 알아봤을 때보다 억 단위가 오른 가격에 매물을 매수한다. 그리고 얼마 지나지 않아 부동산 시장 흐름이 바뀌고, 비슷한 매물이 자신이 매수한 가격보다 수천만 원 저렴하게 거래되고 있다는 사실을 알게 된다. 그렇게 버티다 전세 만기가 돌아오면 떨어진 만큼 추가 자금을 확보하지 못해 어쩔 수 없이 처음 매수한 가격보다 낮은 가격에 매물을 내놓는다.

하락장에서는 어떨까?

이번에는 반대 상황을 생각해 보자. 연일 언론에서 몇 주 연속 집값이 하락하고 있으며, 미분양이 속출하고 있다는 기사를 내보낸다. 부동산 관련 책도 잘 나오지 않고, 나온다 해도 판매량이 저조하다. 시장에 매물이 나오지만 점점 쌓이기만 할 뿐 거래가 이루어지지 않는다. 집주인은 일단 호가를 낮추지 않고 버틴다. 하지만 시간이 지날수록 일시적 1가구 2주택이나 개인적인 사정으로 정해진 기간 내에 급하게 처분해야 하는 매물이 나오기 시작하면서 처음 호가보다 5~10% 정도 낮아진다.

그래도 거래가 이루어지지 않아 처음 호가보다 20% 정도 낮게 내놓았더니 마침 매수자가 나타나 오랜만에 거래가 이루어진다. 다른 집주인들도 20% 정도 가격을 내리면 거래가 이루어지겠다 싶어 호가를 더 낮추기 시작한다. 이런 현상이 몇 차례 반복되면서 호가는 점점 더 떨어진다. 매수 대기자는 이런 현상을 지켜보면서 처음에는 최고점 대비 10%만 떨어지면 매수해야겠다고 생각하다가 기준점을 더 낮춘다.

그리고 생각해둔 기준점까지 호가가 내려가도 더 내려갈 것 같은 기대감에 다시 한번 기준점을 낮춘다.

이렇게 매도자와 매수자가 거래절벽 상태에서 서로 다른 생각을 하는 동안 부동산 시장은 조금씩 바닥을 다지기 시작하고, 그동안 시장을 짓눌렀던 요인들이 하나씩 개선되면서 갑자기 시장이 반등한다. 순식간에 급매물이 사라지고, 이전 최저가 대비 10~20% 이상 오른 수준으로 매물이 세팅된다. 이전 최저가로는 매물을 살 수 없는 상황이 된 것이다. 매수 대기자는 그때 그 매물을 잡았어야 했다고 후회하고, 지금의 호가가 너무 비싸게 느껴진다. 그렇게 망설이는 사이 호가와 실거래가는 더 오른다.

 ## 어떻게 해야 할까?

누구나 바닥에서 싸게 사고, 천장에서 비싸게 팔기를 원한다. 하지만 정확하게 바닥과 천장을 맞추기란 사실상 불가능하다. 그렇다면 어떻게 해야 할까? 가장 중요한 건 나만의 기준을 명확하게 정하는 것이다. 이쯤 되면 매수하겠다는 기준을 정해놓고 과감하게 결단을 내려야 하는데, 기준이 없으니 계속해서 망설이는 것이다. 단 기준을 잡을 때는 명확한 근거가 바탕이 되어야 한다.

'집값은 오늘이 제일 싸다'라는 말이 있다. 세부 구간을 좁혀서 보면 맞지 않는 구간도 있지만, 긴 기간을 확대해서 보면 결국 이보다 부

나는 진짜 돈이 되는 역세권 아파트에 투자한다

동산 시장을 제대로 표현한 말이 없다. 누구도 알 수 없는 막연한 천장과 바닥을 기다리기보다는 나만의 기준을 명확하게 정하고, 그 기준에 들어왔으면 과감하게 매수해야 한다.

바로 이어서 상승장과 하락장에서 좋은 매물을 잡는 방법을 소개하도록 하겠다. 필자가 실제 현장에서 활용하는 방법이다. 내용을 그대로 활용해도 좋고, 참고해 나만의 전략을 다시 세워도 좋다. 꼼꼼히 읽은 뒤 남들과 다른 나만의 기준을 세워보기 바란다.

상승장과 하락장에서
좋은 매물 잡는 방법

부동산 시장 사이클을 한두 번 경험해 보면, 그 당시에는 집값의 최저점과 최고점을 알 수 없다는 사실을 알게 된다. 시간이 지난 뒤에는 그때가 최저점 혹은 최고점일 수밖에 없는 이유가 보이지만, 당시에는 그것이 시장 흐름을 반전시킬 이유가 될지 알 수 없기 때문이다. 새로운 부동산 정책이 발표되어도 사람마다 그에 따른 파급효과를 다르게 예상한다. 심지어 업계에서 이름을 날리고 있는 전문가들조차 같은 정책을 두고 상반된 전망을 하기도 한다. 따라서 그들의 말은 참고 자료로만 활용하고, 과거 사례와 그동안 공부하고 경험했던 것을 기준 삼아 '이 정도면 적정 가격이다'라는 자신만의 기준을 정해야 한다.

나는 진짜 돈이 되는 역세권 아파트에 투자한다

물론 나름 철저하게 생각하고 정한 기준이 틀릴 수도 있다. 하지만 적어도 망설이다 타이밍을 놓치는 실수는 하지 않을 것이다. 타이밍을 잘못 맞춰 생각보다 장기투자가 된다 해도 그 과정에서 소중한 경험을 얻을 수 있다. 투자를 할 때 이익과 경험 모두를 얻으면 가장 좋겠지만, 이익 또는 경험 중 하나라도 얻었다면 성공이라고 말할 수 있다.

 ## 자신만의 기준을 세우는 방법

자, 지금부터 자신만의 기준을 세워보자. 먼저 기준을 세우려면 대상이 있어야 한다. 필자가 이 책에서 주의 깊게 살펴보라고 추천한 아파트를 대상으로 해도 좋다. 그중에서 현재 나의 거주지와 가깝고, 조달할 수 있는 자금으로 매수 가능한 아파트를 선택하면 된다. 대상을 정했다면 적정 매수 가격을 정해야 하는데, 그 전에 현재 부동산 시장 분위기를 스스로 파악해야 한다.

단 부동산 시장 분위기를 파악하는 수단이 정해져 있는 것은 아니다. 책, 블로그, 유튜브 등 자신이 선호하는 수단을 활용해 현재 분위기를 파악하면 된다. 만약 스스로 바닥에 근접했다는 판단이 든다면, 그때부터 임의의 비율을 정해야 한다. 예를 들어, 투자 대상으로 정한 아파트가 현재 최고점 대비 15% 정도 낮은 가격에 거래되고 있다면, '나는 최고점 대비 20% 낮은 가격일 때 매수하겠다'와 같이 기준을 정하는 것이다.

시간이 흘러 투자 대상으로 정한 아파트의 매물 호가가 내가 정한 기준인 20% 하락 지점에 근접했다면, 이 가격이 바닥에 근접한 것인지 확인해야 한다. 해당 아파트 주변에 있는 중개사무소에 전화해 현재 매수 문의가 있는지, 있다면 얼마나 있는지 물어보자. 표본 수가 많으면 더욱 신뢰할 수 있으니 최소 3곳 이상에 전화해 문의하는 것이 좋다. 만약 공인중개사 모두 아직 매수 문의가 없다고 답변한다면, 기준을 조금 더 공격적으로 잡아 기다리는 것도 좋다. 그러나 1~2주 전과 비교했을 때 확실히 매수 문의가 늘었다고 답변한다면, 그때는 자신이 정한 기준을 적정가로 보고 과감하게 해당 매물을 잡아도 좋다.

그런데 만약 바닥을 찍고 반등하는 것을 넘어 상승세를 탔다면 어떻게 해야 할까? 대출을 비롯해 매수에 필요한 사항들을 알아보는 사이에 부동산 시장이 상승장으로 전환되었다면 바닥을 찍고 반등한 상승폭을 기준으로 판단해야 한다. 예를 들어, 이미 해당 아파트가 지난 최저점 대비 10% 이상 오른 수준에서 거래되고 있다면, 이 수준에서 추격매수를 해도 되는지 확인해야 한다. 이때도 해당 아파트 주변에 있는 중개사무소에 전화해 현재 매수 문의가 있는지, 있다면 얼마나 있는지 물어보자. 만약 공인중개사가 매수 문의가 거의 없다고 답변한다면, 일시적 반등 이후에 숨 고르기에 들어갈 수도 있고, 생각보다 그 기간이 길어질 수도 있으므로 섣불리 추격매수를 해서는 안 된다. 그러나 실제 거래로 이어지지는 않아도 매수 문의가 꾸준하다고 답변한다면, 그때는 10% 이상 오른 가격도 괜찮다고 보고 과감하게 진입해도 좋다.

시장 분위기가 반등할 때는 발 빠른 투자자들이 먼저 진입한다. 그들은 상황을 지켜보다 신규 전철노선이 개통되거나 부동산 시장을 짓누르던 요인이 사라지는 것을 확인하면 본격적으로 추격매수를 시작한다. 시장 분위기가 이미 반전되었다면 추격매수할지를 판단할 때 필자가 설명한 내용을 실전에 적용해 보기 바란다.

 ## 공인중개사를
내 편으로 만드는 방법

투자 대상과 적정 가격을 결정했다면 해당 매물을 직거래하지 않는 한, 공인중개사를 통해 서래해야 한다. 그리고 매수를 했다면 완전히 내 손을 떠나기 전까지는 크고 작은 상황에 대응해야 한다. 여기서 말하는 크고 작은 상황이란, 누수, 파손 등을 수습하는 것부터 각종 분쟁에 대한 대응, 새로운 임차인을 구하거나 기존 임차인과 재계약을 진행하는 상황까지 모든 것이 포함된다.

원래는 이 모든 것을 소유자가 스스로 해결해야 한다. 생업에도 집중해야 하는데 문제가 발생하면 스트레스가 이만저만이 아니다. 따라서 해당 부동산이 내 소유가 되었다고 해서 끝나는 것이 아니라, 그때부터 꾸준히 관리하고 중재하는 역할을 해줄 누군가가 필요하다. 누군가와 관계를 맺을 때는 일종의 신뢰가 형성되어야 한다.

필자는 많은 공인중개사와 꾸준히 친분을 쌓고 있다. 친분을 쌓는 방법은 사람마다 다르겠지만, 필자는 사례를 확실히 하는 편이다. 예를 들어, A아파트를 5억 원에 매수하는 것이 적절한 수준이라고 보는데, 더 저렴하게 거래를 성사시켜주면 필자가 얻은 이익의 5~10%를 사례하겠다고 미리 말한다. 만약 해딩 공인중개사가 4억 9,000만 원에 거래를 성사시켰다면 필자가 추가로 얻은 1,000만 원의 5~10%인 50~100만 원을 중개수수료와 별도로 추가 사례한다. 팔 때도 마찬가지다. 필자가 생각하는 가격보다 조금이라도 더 비싸게 팔아주면, 추가로 얻은 이익의 일정 비율을 반드시 해당 공인중개사와 나눈다. 이 사례금은 예상하지 않았던 이익을 공인중개사와 나누는 것이므로 필자의 돈이 나가는 것이 아니다.

좋은 매물을 조금 더 저렴하게 잡고, 투자한 부동산을 안정적으로 관리하고 싶다면 이 방법을 활용해 보기 바란다. 아마 사례한 금액보다 보이지 않는 더 큰 이익을 얻을 수 있을 것이다. 바로 이것이 필자가 여러 부동산을 거래하며 얻은 결론이다.

부쩍 늘어난 후분양 아파트,
무조건 좋을까?

2022년 말 이후 부동산 시장이 반등한 뒤 어느 정도 입지가 받쳐주는 지역은 분양가가 아무리 비싸도 청약 경쟁률이 높다. 그런데 청약 열기가 뜨거웠던 지난 상승장과 비교했을 때 다른 점이 하나 있다. 그것은 바로 후분양 아파트가 부쩍 많아졌다는 점이다.

후분양 아파트란, 청약자가 납입한 계약금과 중도금을 자금으로 활용해 공사를 진행하는 선분양과 달리, 건설사 스스로 자금을 조달해 공사를 진행하고 어느 정도 공정률에 도달했을 때 분양을 시작하는 아파트를 말한다. 최근 들어 후분양 아파트가 많아진 이유는 여러 가지가 있지만, 그중 가장 결정적인 이유는 최근 큰 이슈였던 '순살아파트'에서 찾을 수 있다. 참고로 아파트의 뼈대 역할을 하는 철근을 제대로 쓰지 않은 아파트를 순살아파트라 부른다. 반드시 들어가야 하는 철근을 누락시키거나 원래 계획대로 공사를 진행하지 않아 입주 이후는 물론 입주도 하기 전에 심각한 하자가 발생하는 등의 문제가 있었다. 공사가 상당 부분 진행된 후에 분양을 하면 건설사는 신뢰를 얻을 수 있고, 청약자는 조금이나마 안심할 수 있다.

 ## 후분양 아파트의 장점

후분양 아파트의 장점은 무엇일까? 우선, 빠른 입주를 꼽을 수 있다. 1순위 청약을 받고 실제 입주까지 3년 정도의 기간이 필요한 선분양 아파트와 달리, 공사가 어느 정도 진행된 이후에 청약을 하기 때문에 실제 입주까지 1년을 초과하지 않는다. 보통 1순위 청약 이후 6개월에서 1년 사이에 입주할 수 있다.

두 번째 장점은 모델하우스를 통해 내부 구조와 분위기 정도만 확인할 수 있는 선분양 아파트와 달리, 아파트 주변 분위기를 함께 살펴볼 수 있다는 것이다. 선분양 아파트는 실제 조감도와 많은 차이가 있어 실망하는 청약자가 많은데, 후분양 아파트는 청약에 앞서 미리 현장을 둘러본 뒤 판단을 내릴 수 있다.

세 번째 장점은 실수요자의 당첨 확률이 높아질 수 있다는 것이다. 비규제지역에서 선분양하는 아파트는 계약금 정도만 납입하면 분양권을 소유할 수 있고, 입주까지 3년 정도 걸려 자연스럽게 시세 차익이 발생한다. 즉 실거주자와 더불어 투자자까지 청약에 도전해 경쟁률이 높으며, 상대적으로 실거주자의 당첨 확률이 줄어드는 역효과가 발생한다. 그러나 후분양 아파트는 분양 시점부터 입주까지 기간이 짧아 시세 차익이 발생할 여지가 없다. 따라서 투자자에게는 매력적이지 않은 분양 방식이며, 상대적으로 실거주자의 당첨 확률이 높아질 수 있다.

후분양 아파트의 단점

그렇다면 후분양 아파트의 단점은 무엇일까? 가장 큰 단점은 분양가가 상대적으로 비싸다는 것이다. 선분양 아파트는 청약자가 납입한 계약금과 중도금을 공사 자금으로 활용하기 때문에 추가 비용이 발생하지 않는다. 그러나 후분양 아파트는 분양가를 책정할 때 기본적인 공사 비용에 건설사가 자체적으로 조달한 자금의 이자까지 포함시킨다. 더욱이 건설사가 조달하는 자금은 실체가 있는 부동산을 담보로 하는 것이 아니라, 눈에 보이지 않는 미래 사업성으로 대출을 받다 보니 기본적으로 금리가 높다. 요즘 같은 고금리 시대에는 더욱 높은 이자를 감당해야 한다. 이 모든 것이 분양가에 반영되어 분양가가 상대적으로 비쌀 수밖에 없다.

두 번째 단점은 청약 당첨부터 실제 입주까지 기간이 짧다 보니 잔금을 마련할 시간이 부족하고, 학교에 다니는 자녀가 있는 가정은 입주 날짜와 자녀의 학사 일정을 맞추기가 어렵다는 것이다. 충분한 시간을 두고 차근차근 준비할 수 있는 신분양 아파트와 달리, 집 처분, 전학 등 모든 것을 6개월에서 1년 이내에 해결해야 한다는 어려움이 있다.

세 번째 단점은 투자 목적으로 접근하기 어렵다는 것이다. 분양 후 입주까지 기간이 짧아 시세 차익이 발생할 여지가 없어 투자로서는 매력적이지 않다. 물론 당장 필요한 자금을 납입한 후에 입주 날짜에 맞춰 전세 세입자를 구해 잔금을 치를 수도 있지만, 분양가의 10% 수준으로 투자가 가능한 분양권의 장점이 사라진다고 볼 수 있다.

 후분양 아파트,
청약해야 할까?

후분양 아파트에 청약할지 말지를 결정하기 전에 자신의 상황을 정확하게 파악할 필요가 있다. 참고로 필자의 지인은 현 거주지 인근에서 분양한 후분양 아파트에 청약하지 않았다. 자녀의 학교와 학원을 갑자기 바꾸는 것도 쉽지 않고, 지금 거주하고 있는 집이 원하는 기간에 원하는 조건으로 팔릴지도 의문이었기 때문이다.

이렇듯 사람마다 각자의 상황이 있을 것이다. 자녀가 없거나 자녀가 모두 성인이어서 학교를 특별히 신경 쓸 필요가 없는 실거주자라면 적합할 수도 있다. 물론 청약을 하기 전에 분양가가 비싸도 향후 미래가치가 기대되는지 입지를 분석하는 것이 선행되어야 하지만, 자신이 실제 입주 날짜에 입주가 가능한 상황인지 살펴보는 것 역시 상당히 중요하다. 후분양 아파트는 부실 공사에 대한 대안으로는 나름 매력적이다. 하지만 그만큼 청약할 수 있는 수요층이 한정적이라는 점은 참으로 아쉽다.

절대 사면 안 되는
토지임대부 주택

토지임대부 주택을 분양하는 광고를 본 적이 있는가? '주변 아파트 시세의 반값 이하로 내 집을 마련할 수 있다'라는 문구를 어렵지 않게 찾아볼 수 있다. 인근에 10억 원이 넘는 고가 아파트가 즐비한데, 그 가격의 절반도 안 되는 돈으로 내 집을 마련할 수 있다니! 얼마나 매력적인가. 그래서인지 토지임대부 주택의 청약 경쟁률도 50대 1이 넘는다. 그런데 아무 이유 없이 시세의 절반도 안 되는 가격에 정말 새 아파트를 살 수 있을까? 필자의 예상보다 경쟁률이 높아 정말 깜짝 놀랐다. 토지임대부 주택을 관심 있게 보는 사람이 많다는 것은 그만큼 위험성을 모르는 사람이 많다는 뜻이기도 하다.

일반 아파트와
어떤 차이가 있나?

토지임대부 주택의 위험성을 파악하려면 먼저 일반 아파트와의 차이를 알아야 한다. 일반 아파트는 내 토지에 건물을 지어 해당 토지의 지분과 건물을 모두 소유하는 형태로 분양을 한다. 그러나 토지임대부 주택은 LH 소유 토지에 내 건물을 짓는 형태다. 즉 LH에 빌린 땅에 내 건물을 짓는 것이다.

그렇다면 분양가는 어떻게 책정될까? 일반 아파트는 분양가에 토지와 건물 가격이 모두 포함되는 반면, 토지임대부 주택은 건물 가격으로만 분양가를 책정한다. 분양가에 토지 가격이 포함되지 않아 주변 아파트보다 저렴한 것이다. 얼핏 보면 매우 이상적인 것처럼 보인다. 더욱이 토지임대부 주택은 서울 및 수도권 신도시나 신규 택지에 공급되므로 대부분 평지에 쾌적한 생활환경까지 자랑하니 더더욱 그렇게 보일 수도 있다.

 ## 분양받으면 안 되는
2가지 이유

필자에게 토지임대부 주택 청약할지를 묻는다면, 필자는 강력한 목소리로 절대 분양받지 말라고 이야기할 것이다. 크게 2가지 이유 때문이다. 첫 번째 이유는 가격이 오를 수 없는 구조이기 때문이다. 우리가 아파트를 거래할 때는 내부가 넓게 빠졌는지, 내부 관리 상태는 어떤지, 단지 내 분위기는 어떤지, 동 간 거리는 어떤지 등 건물에 초점을 맞추는데, 사실 아파트 가격이 오르는 것은 그 아파트가 서 있는 토지 가격이 올라서다.

예를 들어, 분양가가 3억 원인 아파트가 있다면, 편의상 분양가는 건물 가격 1억 5,000만 원, 토지 가격 1억 5,000만 원 정도로 책정될 것이다. 그런데 5년이라는 시간이 흘러 아파트가 4억 원이 되었다면 건물 가격은 그동안 사용했기에 1억 원으로 떨어지지만, 토지 가격은 더 올라 3억 원 정도의 가치로 거래된다. 즉 건물은 날이 갈수록 노후되어 가치가 떨어진 반면, 토지는 주변 개발로 가치가 점점 상승한 것이다. 궁극적으로 토지 가격이 올라야 아파트 가격도 오르는데, 정작 토지는 LH가 소유하고 있으니 토지임대부 주택은 시간이 흐를수록 가치가 떨어질 수밖에 없다.

두 번째 이유는 매달 토지임대료가 발생하기 때문이다. 앞서 이야기했듯 토지임대부 주택은 빌린 땅에 내 집을 지은 것이기에 매달 그 땅에 대한 임대료를 지불해야 한다. 결론적으로 그 집에 사는 사람은 매달 관리비와 토지임대료를 지불해야 하며, 대출을 받았다면 대출원리금까지 더해져 매달 고정적으로 나가는 비용이 상당할 것이다. 돈을 주고 집을 사서 들어온 것인데, 매달 나가는 비용은 상당하니 월세를 사는 것과 다름없는 구조가 된다. 이런 집을 과연 내 집이라고 할 수 있을까?

나는 진짜 돈이 되는 역세권 아파트에 투자한다

분양가 및 임대료가 확정된 것이 아니다?

사실이다. 분양가 및 임대료 자체도 부담인데, 이마저도 확정된 것이 아니다. 입주 시점에 그 금액이 더 오를 수도 있다. 2023년 7월 서울특별시 강동구에서 분양한 토지임대부 주택을 예로 들면, 전용 49타입의 분양가는 3억 원 초반대였고, 토지임대료는 약 35만 원이었다. 35만 원도 매달 부담하려면 결코 무시할 수 없는 수준인데, 향후 물가 및 토지 가격이 올라 분양가와 임대료가 더 오른다면? 분명 한숨이 절로 나올 것이다.

토지임대부 주택에 관심이 있다면 다시 한번 생각하자

내가 가지고 있는 부동산의 가치가 떨어질 거라는 사실을 알고 있다면 분명 마음이 복잡할 것이다. 이제 막 새로운 인생을 시작한 신혼부부라면 시간이 흐를수록 가치가 떨어질 수밖에 없는 주택을 신혼집으로 마련해서는 절대 안 된다. 다소 입지가 떨어지더라도, 신축이 아니더라도 앞으로 꾸준히 가치가 오를 만한 집에서 시작해야 미래를 준비할 수 있다.

토지임대부 주택은 뛰어난 입지를 자랑하는 지역에서 큰 부담 없이 내 집을 마련할 수 있다는 점에서는 나름 좋은 정책이지만, 궁극적으로는 분양을 받은 사람에게 좋을 것이 하나도 없다. 적어도 이 책을 읽고 있는 여러분은 토지임대부 주택을 분양받는 실수를 범하지 않길 바란다.

나는 진짜 돈이 되는 역세권 아파트에 투자한다

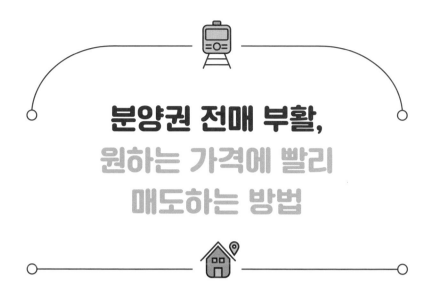

분양권 전매 부활,
원하는 가격에 빨리
매도하는 방법

윤석열 정부가 출범하면서 전국 대부분이 규제지역에서 해제되었고, 그 후부터 분양하는 아파트는 분양권 거래가 가능해졌다. 그리고 전매제한에 묶여 있는 단지들도 새로운 법안을 만들어 소급 적용하면서 사실상 현재 분양권 상태에 있는 아파트 단지들은 시간문제일 뿐, 조만간 분양권 전매가 가능할 것으로 보인다. 물론 실거주 의무와 세금 문제가 국회를 통과하지 못하고 있지만, 이 문제들은 시간이 흐르면 언젠가 해결될 것이기에 지금부터는 거래가 가능해졌다는 점에 초점을 맞춰 준비해야 한다.

일단 원칙은 이렇다

내가 보유한 분양권을 원활하게 매매하려면 무엇부터 해야 할까? 먼저 분양권 거래의 본질부터 알아야 한다. 일부 아파트는 규제지역으로 지정되어도 혹은 해제되어도 세금이 중과되는 등 일부 제한 사항이 생길 수는 있지만, 매매 자체가 불가능한 경우는 없다. 그러나 분양권은 규제지역 지정 여부에 따라 전매가 철저하게 제한된다.

당첨 및 취득 당시에 해당 단지가 속한 지역이 규제지역으로 묶여 있었고 분양가상한제 적용을 받았다면, 취득 이후에 규제지역에서 해제된다 하더라도 그 분양권은 여전히 전매가 불가능하다. 반대로 당첨 및 취득 당시에 해당 단지가 속한 지역이 아무런 규제도 없었고 분양가상한제 적용을 받지 않았다면, 취득 이후에 규제지역으로 지정된다 하더라도 그 분양권은 규제 상관없이 전매할 수 있다.

따라서 현재 강남 및 용산 극히 일부를 제외한 전국 대부분이 비규제지역이므로, 전국에서 분양하는 아파트 분양권은 대부분 최소 전매제한 기간인 6개월 이후부터 자유롭게 전매할 수 있다고 보면 된다.

분양권, 이렇게 해야 잘 팔린다

조금이라도 빨리 원하는 가격에 분양권을 전매하고 싶다면 어떻게 해

나는 진짜 돈이 되는 역세권 아파트에 투자한다

야 할까? 먼저 이미 준공이 끝나 실체가 거래되는 일반 아파트를 생각해 보자. 보통 아파트를 매수할 때 어떤 부분을 고려하는가? 사람마다 다른 답변을 내놓을 것이다. 이미 실체가 있으므로 아파트 구조, 동 간 거리, 단지 내 커뮤니티 시설, 학교, 주변 상권, 전철역까지의 접근성 등을 직접 살펴본 뒤 매수 결정을 내릴 것이다.

그런데 분양권은 어떨까? 아직 실체가 없으므로 분양사무소에서 본 모델하우스로 내부를 예상해 보는 것 외에는 딱히 판단할 만한 것이 없다. 현장에 방문해 봐도 공사가 한창 진행되고 있어 해당 아파트와 주변이 어떤 분위기를 형성할지 전혀 감이 오지 않는다. 따라서 분양권을 매수하는 데 가장 큰 영향을 미치는 요소는 바로 가격이다. 조금 더 자세히 이야기하면, 당장 매수하는 데 필요한 자금이 적어야 거래가 원활하게 이루어진다.

그렇다면 어떻게 해야 매수자가 자금 부담을 덜 가질 분양권을 만들 수 있을까? 단지마다 비율 차이는 있지만, 보통 입주할 때까지 계약금 10~20%, 중도금 60%, 잔금 20~30% 정도로 나누어 납부한다. 비규제지역에서 분양한 아파트의 최초 당첨자는 계약금만 납부한 상태에서 계약을 체결하고, 정해진 기간마다 중도금을 일정한 비율로 분할 납부할 수 있다.

중도금은 내가 가진 돈으로 납부할 수도 있지만, 건설사가 알선해 준 은행에서 대출을 받아 납부할 수도 있다. 매수자에게 매력적으로 보일 분양권을 만들려면 이때가 중요하다. 경험이 많지 않은 사람들은 높은 중도금 대출 이자 때문에 자신이 가진 돈으로 중도금을 납부하거나 금리를 비교한 뒤 자신이 괜찮다고 판단한 대출 상품을 활용한다. 그러나 이는 당장 눈앞의 문제만 생각한 것이다. 무슨 의미일까?

예를 들어보도록 하겠다. A씨와 B씨는 각각 분양가가 5억 원인 아파트에 당첨되었고, 현재 이 아파트의 분양권은 5,000만 원의 프리미엄이 붙어 거래되고 있다고 가정하자. A씨는 계약금 10%만 납부한 상태에서 중도금을 전액 대출로 충당했다. 반면 B씨는 계약금 10%와 중도금 2회 차에 해당하는 1억 원을 자비로 납부하고 나머지 중도금은 대출로 충당했다. 만약 이들이 분양권을 전매할 생각으로 내놓았다면 누구의 분양권을 매수하겠는가?

먼저 A씨가 보유한 분양권을 살펴보자. 모두 대출로 충당한 중도금을 제외하고, 미리 납부한 계약금 5,000만 원과 프리미엄 5,000만 원을 합한 1억 원만 있다면 분양권을 매수할 수 있다. 그런데 B씨의 분양권은 어떤가? 일단 계약금과 프리미엄을 합한 1억 원에 중도금 일부를 자납한 1억 원까지 매수자가 인수해야 한다. 즉 B씨가 보유한 분양권을 매수하려면 2억 원이 필요하다. 이는 서울 및 수도권 평균 분양가에 훨씬 미치지 못하는 5억 원을 기준으로 계산한 것이므로, 분양가가 더 높다면 당연히 매수에 필요한 자금도 더욱 커질 것이다. 특히 고금리 기조가 이어지는 시기에는 자금 조달에 어려움을 겪는 사람이 많아 인수 자금이 큰 분양권은 거래가 잘 이루어지지 않는다.

2023년 초 서울특별시 강동구에 모 1군 건설사가 분양한 전용 84타입 분양권이 다른 매물보다 프리미엄이 1억 원 정도 저렴하게 나왔다. 필자는 이를 잡고자 중개사무소에 연락을 취했다. 그런데 분양권 소유자가 중도금을 모두 자납한 탓에 분양가가 10억 원인 아파트의 분양권을 인수하려면 무려 8억 원이나 필요했다. 현재 그곳은

10곳이 넘는 중개사무소에 매물 접수를 해놓고도 미계약 상태로 남아 있으며, 프리미엄이 더 비싼 다른 매물이 먼저 거래되고 있다. 분양권을 매수하려는 사람들에게는 급매물보다 1억 원을 더 주더라도 지금 당장 훨씬 적은 자금으로 매수할 수 있는 분양권이 더욱 매력적으로 다가온 것이다.

이제 청약은
끝난 것인가?

지난 상승장에서 유행한 용어가 하나 있다. 바로 '로또 청약'이다. 분양가와 주변 시세 차이가 워낙 커 당첨만 된다면 로또 복권에 당첨된 것 같은 효과를 누릴 수 있다는 의미에서 나온 용어다. 그렇다면 그 당시에는 어떻게 로또 청약이 가능했을까? 지난 문재인 정부 때 있었던 역대급 상승장은 저금리 기조가 유지되던 시기라 투자자들이 마음만 먹으면 자금을 조달할 수 있었고, 특별한 규제가 없어 다주택자도 쉽게 주택 수를 늘릴 수 있었다.

정부는 이런 특징 때문에 조금씩 꿈틀거리는 집값을 잡고자 규제책을 하나씩 발표하기 시작했다. 하지만 규제를 피해 대형 교통 개발 호재가 있는 인근 지역으로 투자 수요가 대거 이동하면서 연쇄적인 풍선효과로 집값이 폭등하는 현상이 나타났다. 전국 대부분이 조정대상지역 이상의 규제를 받기 시작하면서 청약 시장 또한 각종 규제의 영향을 받았다. 대표적인 것이 바로 분양가상한제다. 분양가상한제란 일정 기준 이상으로 분양가를 책정하지 못하도록 하는 제도인 만큼, 시간이 지날수록 오를 대로 오른 주변 집값과 분양가의 격차가 벌어졌고, 당첨되자마자 수억 원의 수익이 발생하는 '로또 청약 시장'이 탄생했다.

 ## 로또 청약이
사라진 이유

그런데 당분간 로또 청약은 없을 전망이다. 단기 금리 상승으로 인한 공포심리와 다주택자가 매물을 내놓을 수밖에 없는 정책들이 시너지를 내면서 상승을 넘어 폭등에 가까웠던 지난 상승장의 뜨거운 분위기는 한순간에 식어버렸다. 서울 및 수도권의 집값은 평균 20~30% 하락했고, 특정 지역에서는 지난 상승장에 올랐던 기격을 그대로 반납하는 현상도 발생했다.

전국적으로 하락폭이 크다 보니, 규제지역도 하나씩 해제되기 시작했다. 규제지역 해제는 분양가상한제 폐지와 매우 밀접한 관련이 있다. 큰 폭으로 올랐던 주변 아파트 가격은 제자리를 찾아왔지만, 반대로 건설사는 분양가상한제의 제한을 받지 않고 주변 시세를 반영한 분양가를 책정하기 시작하면서 '청약 당첨=대박'이라는 공식이 깨진 것이다.

 ## 청약 시장은 끝난 것인가?

그렇다면 청약 시장은 완전히 끝난 것일까? 비록 당첨과 동시에 엄청난 시세 차익을 볼 수 있는 구조는 무너졌지만, 앞으로도 청약 시장은 뜨거울 것이다. 왜일까? 수요층이 달라졌을 뿐, 청약 대기자는 여전히 많기 때문이다.

지난 상승장에 있었던 로또 청약의 수요자는 무주택자였다. 자세히 말하면, 평생 내 집을 가져보지 못했거나 이제 막 결혼생활을 시작하려는 신혼부부 같은 순수 무주택자와 가족 및 지인의 명의로 꾸준히 부동산 투자를 하면서 정작 본인은 오랜 기간 무주택 상태를 유지하며 차곡차곡 청약 가점을 쌓아온 전략적 무주택자가 주된 수요층이었다. 당시 1주택자도 기존 주택을 처분하는 조건으로 청약을 할 수있었지만, 무주택자끼리의 경쟁에서 탈락한 수요와 남은 물량을 놓고경쟁을 하다 보니, 사실상 무주택자가 아니면 로또 청약의 수혜를 누릴 수 없었다.

그런데 2023년 후반 분위기처럼 주변 아파트 가격이 조정을 받고상대적으로 비싸진 시장은 가점이 높은 무주택자에게 아무런 메리트가 없다. 반면 그동안 무주택자와의 경쟁에서 밀려 있던 유주택자에게

나는 진짜 돈이 되는 역세권 아파트에 투자한다

는 제값을 주고 그 지역에서 가장 새 아파트를 소유할 수 있는 기회다. 같은 입지를 공유한다면, 가장 새 아파트의 평균 시세가 높은 것이 당연하다. 비록 분양가가 기존 대장 단지보다 비싼 수준이라 하더라도, 이번 기회에 제값을 주고 새집으로 이사를 가겠다고 결심한 유주택자들은 전 세대원의 청약 통장을 총동원해 당첨을 노린다.

　이런 이유로 서울 및 수도권 핵심 전철노선의 역세권 대단지가 될 신축 아파트는 부동산 시장 분위기와 상관없이 언제나 인기가 있을 것이다. 분양가가 다소 비싸다는 인식이 있더라도 말이다.

CHAPTER 3

대출, 제대로 알아보고
제대로 활용하자

50년 만기 주택담보대출,
이대로 사라질까?

최근 수협은행이 국내 최초로 50년 만기 주택담보대출 상품을 출시하면서 큰 화제가 되었고, 다른 은행들도 뒤이어 50년 만기 상품을 출시하면서 DSR 규제를 우회적으로 피해갈 수 있는 한 가지 대안으로 부상했다.

50년 만기 주택담보대출이란, 말 그대로 대출을 받은 뒤 50년의 상환 기간 동안 원금과 이자를 갚아 나가는 방식의 대출 상품을 말한다. 이는 기준금리와 부동산 가격 상승으로 원리금 부담이 커지자 상환 기간을 늘려 당장 이자 부담을 줄여주고자 하는 의도에서 도입되었다.

기존 30년, 35년 만기 방식에서 50년으로 늘어나면 당장 이자 부담이 줄어드는 것은 물론, 소득 대비 대출 한도가 늘어나는 효과가 있다. 그러나 전체 이자가 눈덩이처럼 불어나고, 결국 가계대출이 늘어나 또 다른 사회 문제로 귀결되는 부작용이 발생할 수 있어 의견이 엇갈리는 분위기다.

 **판매 중단 또는
나이 제한을 두는 이유**

각 은행은 50년 만기 주택담보대출 상품을 출시한 지 얼마 되지 않아 판매를 중단하거나 판매는 하되, 나이 제한을 두기 시작했다. 왜 이런 일이 발생한 것일까? 표면적인 이유는 현 상태에서는 채권을 회수하기가 힘들다는 것이다. 현재 우리나라의 평균 수명은 80대 중반인데, 50년간 본 상품을 통해 실행한 채권을 회수하려면 대출을 받는 사람이 최소 30대 중반은 넘지 않아야 가능하다는 단순 계산에서 비롯된 결과다.

따라서 일부 은행을 제외한 대부분의 은행은 50년 만기 상품을 만 34세 이하만 이용할 수 있도록 제한했다. 현재 만 34세 이상인 사람은 사실상 50년 만기 주택담보대출 상품을 이용할 수 없다고 생각하면 된다.

나는 진짜 돈이 되는 역세권 아파트에 투자한다

**50년간 이용하되,
DSR 40% 적용은 40년으로?**

투자자 관점에서 50년 만기 상품의 가장 큰 장점은 같은 소득으로도 현행 DSR 규제를 우회적으로 피해 한도를 늘릴 수 있다는 것이다. 이런 편법을 방지하고자 50년 만기 주택담보대출을 허용하되, DSR 40%는 40년으로 적용하겠다는 규제책이 나왔다.

예를 들어보도록 하겠다. A씨의 연산 소득은 5,000만 원이다. DSR 40%를 적용하면 연간 원리금 상환액은 2,000만 원이다. 1개월로 환산하면 매달 상환해야 할 원리금은 167만 원이 넘으면 안 된다. 대출금 3억 원에 대출 기간 50년, 금리 6.1%를 적용하면, A씨의 월 원리금 상환액은 1,601,430원이다. 이 경우에는 대출을 받을 수 있다. 그런데 같은 조건에서 대출 기간 40년을 적용받는다면 어떨까? 월 원리금 상환액은 1,671,602원이 된다. 이 경우에는 DSR 40%를 초과해 대출을 받을 수 없다. 즉 규제책으로 실질적인 한도가 줄어드는 셈이다.

대출에 익숙하지 않은 사람은 전체 이자가 많이 발생한다는 이유로 대출 기간을 단축하고 싶어 하는데, 이는 조금 더 생각해볼 필요가 있다. 대출을 받는 목적이 투자라면 무리한 기간 단축으로 당장 원리금을 감당하지 못해 문제가 발생할 수도 있기 때문이다. 부동산 실무 관점에서는 대출은 최대한 저렴하게 많이 받고, 매달 감당해야 할 원리금 상환액은 줄이는 것이 더욱 효율적이다.

반쪽짜리 정책으로
남을 것인가?

비록 현실적인 문제로 일부 은행은 50년 만기 주택담보대출 상품 판매를 잠정 중단했고, 나머지 은행도 연령 제한을 두고 있지만, 이런 분위기가 끝까지 이어질 것 같지는 않다. 적절한 시기가 되면 오히려 보편화될 것이라 예상한다. 그 이유는 50년 만기 상품이 출시된 배경에서 찾을 수 있다. 비록 기준금리는 인하될 가능성이 크지만, 부동산 가격은 단기 하락장을 끝내고 반등하는 분위기다. 당분간 심각한 외부 악재가 없다면 완만한 상승세를 이어갈 것으로 보인다.

그리고 향후 다시 하락장이 찾아온다 하더라도 사람들의 관심을 꾸준히 받는 지역의 아파트 가격은 시간이 지날수록 우상향할 수밖에 없다. 이런 분위기에서 기존 30년, 35년 만기 상품은 원리금 부담이 너무 크다. 그런 상품으로는 사회초년생이나 신혼부부는 물론, 정말 집이 필요한 사람들이 대출을 활용해 내 집을 마련하기가 점점 더 어려워질 것이다.

이론과 실무는
다르다

실무적인 관점에서는 50년 만기 상품이 반드시 필요하다. 지금의 35년 만기 상품도 35년을 꽉 채워 이용하는 사람이 많지 않다. 일정 기간 이용하다 다른 상품으로 갈아타기도 하고, 보유하고 있던 부동산을 처분해 한 번에 상환하기도 하며, 투자를 통해 회수한 수익으로 중도 상환을 하기도 한다. 즉 50년 만기 상품이 대중화되어도 50년을 꽉 채워 이용하는 사람은 많지 않을 것이라는 뜻이다. 지금은 평균 수명 대비 50년을 계산해 만 34세로 제한하고 있지만, 이 기준은 실무적으로 현실성이 없다. 따라서 조만간 손을 본 뒤 다시 출시될 것이라 예상한다. 상환 기간을 길게 잡고 당장 원리금에 대한 부담을 줄일 수 있는 50년 만기 상품이 가계대출의 주력 상품이 될 날도 머지않은 것 같다.

주택담보대출 종류에 따른
실전 갈아타기 전략

과연 대출 없이 집을 사는 사람이 얼마나 될까? 아주 특수한 경우가 아니라면 규모의 차이가 있을 뿐, 대부분 주택담보대출을 이용할 것이다. 주택담보대출은 현존하는 대출 상품 중에서 진입장벽이 가장 낮고, 많은 금액을 비교적 저금리로 빌릴 수 있어 부동산을 매수할 때 가장 기본이 되는 대출이다.

그러나 보유하고 있는 집이나 새로 매수할 집을 담보로 받은 대출도 세부적으로는 큰 차이가 있다. 따라서 자신이 이용하고 있는 대출의 세부 조건에 따라 향후 갈아타기를 할 때 전략을 완전히 달리 세워야 할 수도 있다.

나는 진짜 돈이 되는 역세권 아파트에 투자한다

주택담보대출은 크게 '생활안정자금 조항이 있는 주택담보대출' 과 '생활안정자금 조항이 없는 주택담보대출', '사업자주택담보대출' 로 구분할 수 있다. 만약 자신이 이용하고 있는 주택담보대출의 종류 를 모르겠다면 대출 계약서를 확인해 보거나 해당 은행 콜센터에 전 화해 문의해 보기 바란다. 자, 그럼 지금부터 세부적으로 알아보자.

생활안정자금 조항이 있는 주택담보대출

생활안정자금이란, 말 그대로 생활 안정만을 위해 쓰는 자금이다. 지 난 문재인 정부 이후에 주택담보대출을 받았다면 대부분 생활안정자 금 명목으로 대출을 받았을 것이다. 생활안정자금의 가장 큰 문제점은 '주택 수가 늘어나서는 안 된다'라는 조항이 있다는 것이다. 즉 일시적 1가구 2주택 상황을 만들어놓고 기존 주택을 통해 수익을 극대화하거 나 분양받은 새 아파트로 이사할 수 없다. 일시적 1가구 2주택도 유예 기간 동안 어쨌든 2주택 상태가 되고, 청약에 당첨되는 순간 분양권은 주택 수에 포함되기 때문이다. 규정이 다소 불합리하다는 생각이 들지 않는가? 투자를 막는 것까지는 이해가 되지만, 실수요자의 경우의 수 를 상당 부분 막아놓은 것은 문제가 있다고 본다.

어쨌든 생활안정자금을 이용하고 있다면, 분양을 받은 주택의 최 초 집주인이 되는 형태로는 갈아탈 수 없으니 경우의 수에서 제외한 다. 그렇다면 경우의 수는 2가지다. 첫 번째는 매매 시장에서 평범하게 거래되는 주택을 매수하되, 반드시 기존 주택을 먼저 내놓고, 계약이 체결되면 그 계약금을 새로 이사 갈 주택의 매수 계약금으로 활용해야 한다. 도중에 계약이 틀어질 경우를 대비해 안정장치를 마련해두기 위함이다. 그리고 기존 주택의 매도 날짜와 새 주택의 입주 날짜를 일치시켜야 한다. 즉 같은 날짜에 매수인에게 잔금을 받아 생활안정자금을 받으면서 설정한 근저당권을 말소하고, 동시에 새로 이사 갈 주택에 입주하면서 새로운 주택담보대출을 받아 유지해야 한다.

두 번째는 일시적으로라도 생활안정자금을 상환하고, 주택 수를 늘린 이후에 다시 주택담보대출을 받아 유지하는 방법이다. 그러나 이 경우에는 나에게 잠시 큰돈을 빌려줄 누군가가 있어야만 한다. 내 명의로는 대출의 힘을 빌릴 수 없으므로 누군가에게 돈을 빌려 생활안정자금을 말소하고, 새로 이사 갈 주택을 매수한 후에 기존 생활안정자금 및 새 주택을 매수하는 데 필요한 자금까지 합친 금액만큼을 새로운 주택담보대출을 받아 유지해야 한다. 이렇게 하면 아직 투자 가치가 남은 기존 주택을 일시적 1가구 2주택 규정을 이용해 수익을 극대화하는 전략을 짤 수 있다. 그러나 수억 원을 누군가에게 빌려야 하므로 결코 쉬운 방법은 아니다.

 ## 생활안정자금 조항이 없는 주택담보대출

만약 생활안정자금 조항이 없는 주택담보대출을 이용하고 있다면, 사실상 갈아타기를 할 때 아무런 제한이 없다. 주택 수가 늘어도 어떠한 제한이 없기 때문이다. 문재인 정부 이전에 주택담보대출을 받았다면 생활안정자금 조항이 없을 가능성이 크다. 따라서 기존 주택을 유지하면서 주택 1채를 더 매수해 2주택자가 되어도 좋고, 유예 기간이 3년으로 늘어난 일시적 1가구 2주택 규정을 활용해 투자 수익을 창출해도 좋다. 더욱이 전국 대부분이 규제지역에서 해제되면서 기존 주택을 처분하지 않아도 분양을 받아 다주택자가 되는 것은 물론, 새 아파트의 최초 집주인이 될 수도 있다. 사실상 모든 경우의 수를 적용할 수 있으므로, 특별한 전략이 필요하지 않다.

절대 사용해서는 안 될 사업자주택담보대출

생활안정자금 비율이 급격히 늘어나면서 주택 추가 매수가 어려워지자 사업자주택담보대출을 이용해 편법으로 주택 수를 늘리는 사람이 많아지고 있다. 사업자주택담보대출은 새롭게 사업을 시작하거나 기존 사업장을 확장할 때 사용하는 목적으로 받는 대출이다. 그런데 사업 목적으로만 활용하도록 만든 상품을 주택 매수에 사용해도 법적으로 문제가 되지 않는다. 왜일까? 바로 관련 조항 때문이다. 생활안정자금은 '주택 수를 늘려서는 안 된다'라는 조항이 명시되어 있지만, 사업자주택담보대출은 '사업 목적으로만 사용해야 한다'라는 조항이 명시되어 있다. 생활안정자금은 주택 수가 변동이 없는지 수시로 확인하지만, 사업자주택담보대출은 사업 목적으로 사용하고 있는지만 확인한다. 즉 주택 수는 따로 확인하지 않는다.

또한 사업자주택담보대출은 신규 및 기존 사업자 모두 이용할 수 있다. 따라서 쓰지도 않을 사업자등록증을 발급받아 사업자주택담보대출을 받은 뒤 관련 규정을 우회해 주택을 매수하는 경우가 늘고 있다. DSR 규제를 받지 않아 한도가 높다는 점도 이러한 분위기를 부추기고 있으며, 갈수록 늘어나는 가계대출의 주범이 되기도 한다. 현재로서는 법적으로 막을 방법이 없지만, 사업자주택담보대출을 받아 주택을 매수하는 것은 엄연히 해서는 안 되는 행동이다.

CHAPTER 4

부동산 투자 수익 극대화?
이제부터는 세금이다

양도소득세 필요경비,
실무에서는 이것만 챙기자

필요경비란 무엇일까? 이해하기 쉽게 설명하면, 해당 부동산을 유지하고 가치를 높이는 데 들어간 돈이니, 나중에 집을 팔 때 세금에서 빼주겠다고 약속한 비용이다. 즉 필요경비는 해당 부동산을 통해 얻은 이익으로 보지 않겠다는 뜻이다. 따라서 필요경비로 인정되면 양도차익에서 제외되고, 양도차익 자체가 줄어드니 당연히 양도소득세가 덜 나오게 된다.

그런데 이론상 필요경비로 인정되는 것 중에 실무에서 챙기기 힘든 것도 있다. 그 이유는 이론과 실무는 많은 차이가 있기 때문이다.

양도소득세 필요경비로 인정되는 것은 이론과 실무가 다르다

먼저 이론상 필요경비로 인정되는 항목을 확인해 보자.

1. 취득세 및 인지대
2. 법무사, 세무사, 공인중개사 대행 수수료
3. 샷시 설치 비용
4. 발코니 개조 비용
5. 보일러 교체 비용
6. 상하수도 배관 공사 비용
7. 취득 과정에서 발생한 각종 소송 비용

자, 그럼 지금부터 실무적으로 살펴보자. 먼저 샷시 설치 비용과 발코니 개조 비용은 100% 필요경비로 인정받을 수 있을까? 인테리어 공사에 들어가는 비용도 업체에 현금영수증 발행을 요청할 수 있지만, 인테리어 공사를 한 번이라도 해본 경험이 있다면 그리 간단한 문제가 아니라는 사실을 잘 알 것이다. 저렴하게 해준다는 명분으로 현금영수증 발행을 거부하는 경우가 많기 때문이다.

그래도 강력하게 요청하면 업체 측에서는 10%의 부가세를 내면 발급해주겠다고 답변한다. 예를 들어, 지금은 자잿값이 올라 전용 84타입 아파트를 수리하려면 5,000만 원 이상의 비용이 발생하는데, 현금영수증을 발급받으려면 그중 10%인 500만 원을 부가세로 내야 한다는 뜻이다. 자칫 하면 양도소득세에서 공제받는 것보다 업체에 제공한 부가세가 더 큰, 배보다 배꼽이 더 큰 상황이 발생할 수도 있다.

상하수도 배관 공사 비용은 어떨까? 단독주택이라면 모를까, 아파트라면 상하수도를 공사할 일이 거의 없고, 그런 일이 발생해도 전체 공사 중에서 어디서부터 어디까지를 필요경비 항목에 넣어야 하는지 기준이 모호하다. 비용 자체가 크지 않다면 필요경비로 인정받고자 스트레스를 받는 것보다 그냥 챙길 수 있는 서류만 확실히 챙기는 것이 여러모로 좋다.

따라서 실무에서 개인이 필요경비로 인정받을 수 있는 항목은 1번과 2번, 7번이다. 이 항목들은 직접 요청하지 않아도 해당 사무소에서 현금영수증을 의무적으로 발행하니 자동으로 인정이 된다. 그래도 확실하게 하고 싶다면, 발행한 현금영수증을 인쇄해 달라고 요청해 파일에 보관해두면 된다.

그렇다면 현금영수증이 보편화되지 않았던 시기에 취득한 부동산은 어떻게 해야 할까? 그런 경우에는 일반영수증을 증빙 자료로 사용할 수 있다. 단 종이로 된 영수증을 잃어버리면 공제를 받을 방법이 없으므로 잘 관리해야 한다.

이 책을 읽다 '그런데 인지대가 뭐지? 나는 낸 기억이 없는데?'라고 생각한 분들도 있을 것이다. 인지대는 부동산을 취득할 때 발생하는 세금 중 하나로, 법무사를 통해 등기했다면 취득 당시 법무사에게 보낸 비용에 포함되어 있었을 것이다. 그러니 전혀 신경 쓰지 않아도 된다. 등기필증 맨 뒤를 보면 취득세 납부 영수증과 인지대 납부 영수증이 함께 있으니, 양도소득세를 신고할 때 같이 제출하면 된다.

분양받은 아파트라면
이것도 챙겨두자

만약 신축 아파트에 최초로 입주하는 경우라면 하나 더 챙길 수 있는 것이 있다. 바로 유상옵션이다. 특별한 문제가 없다면 유상옵션을 하는 것이 유리하다. 유상옵션 비용은 취득세에 포함되며, 취득세 자체가 필요경비로 인정되기 때문이다.

실제 입주를 앞두고 본인이 알아본 곳에서 옵션을 하는 경우도 있는데, 그렇게 하면 취득세에 포함되지 않을 뿐만 아니라, 바로 앞에서 설명한 인테리어 비용과 필요경비 인정에 대한 상관관계를 따로 따져야 한다. 유상옵션을 세부적으로 따질 때는 필요경비로 인정되지 않는 항목이 훨씬 많다. 어떤 방법이 더 경제적인지는 상황에 따라 다르지만, 유상옵션을 선택하고 입주하는 것이 세금 관점에서 더 유리한 경우가 많다.

나는 진짜 돈이 되는 역세권 아파트에 투자한다

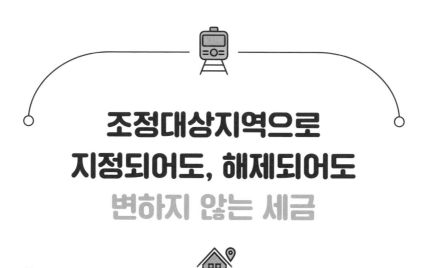

조정대상지역으로
지정되어도, 해제되어도
변하지 않는 세금

조정대상지역은 해당 지역의 집값이 일정 기준 이상으로 올랐을 때, 청약 경쟁률이 과도하게 높을 때 등 특정 조건을 충족하면 별도의 심의를 거쳐 지정한다. 참고로 필자가 이 책을 쓴 목적도, 여러분이 이 책을 읽는 목적도 학문을 연구하기 위함이 아니다. 투자할지를 판단할 때 관련 규정을 적용해 생각할 수 있을 정도만 되어도 충분하다. 따라서 평소 관심 있던 지역이 조정대상지역으로 지정되었다면 '아! 현재 이 지역은 부동산 시장 분위기가 상당히 좋구나. 앞으로는 주택을 거래하기 힘들겠네' 정도만 생각하면 된다.

실제로 비규제지역이 조정대상지역이 되면 여러 가지 제한 사항이 생긴다. 가장 큰 변화는 세금 중과, 조금 더 자세히 이야기하면 취득세와 양도소득세 중과다. 투자자의 수익은 양도차익에서 세금을 제외한 것이므로, 조정대상지역 지정은 결국 투자자의 수익 감소를 의미한다. 다소 아깝다는 생각이 들어도 규정이 확실하다면 따르면 된다. 문제는 조정대상지역에서 해제되거나 반대로 지정되어도 변하지 않는 규정이 있다는 것이다. 따라서 취득 또는 양도 전에 반드시 관련 규정을 알아두어야 낭패를 보지 않을 수 있다.

매수 도중에 조정대상지역으로 지정되었다면?

일반적으로 주택을 거래할 때 거래 대금은 어떻게 지급할까? 모든 자금을 한 번에 일괄 지급하지 않는다. 보통 일정한 기간을 두고 계약금, 중도금, 잔금 형태로 나누어 지급하며, 편의상 계약금을 지급한 후에 중도금 없이 바로 잔금을 치르기도 한다. 어떤 형태를 선택하든, 최초 계약부터 소유권이 완전히 넘어오기까지는 상당한 시간 차이가 존재한다. 이런 거래 형태가 자리 잡은 이유는 부동산 거래 대금 자체가 크고, 많은 자금을 마련하려면 불가피하게 시간과 절차가 필요하기 때문이다. 즉 어쩔 수 없이 계약금을 지급한 후부터 잔금을 치르기까지 수개월의 간격이 생기는데, 문제는 이 사이에 조정대상지역으로 지정되거나 반대로 해제될 수도 있다는 것이다.

　그렇다면 계약 당시에는 비규제지역이었는데, 자금을 마련하는 도중에 조정대상지역이 되었다면, 그때는 어디에 기준을 두어야 할까? 비규제지역에서 조정대상지역이 된 상황이라면, 그때는 계약일이 기준이다. 즉 계약일이 조정대상지역으로 지정된 날짜보다 빠르면 조정대상지역으로 지정된 이후에 잔금을 치러도 비규제지역 규정을 적용받아 당장 취득세가 중과되지 않고, 언제 매도하더라도 양도소득세 또한 중과되지 않는다. 그러나 조정대상지역으로 지정된 이후에 계약을 했다면 해제된 이후에도 조정대상지역일 때 규정에 따라 취득세와 양도소득세가 중과되며, 1주택자도 2년 이상 실거주해야 양도소득세가 비과세된다.

매수 도중에 조정대상지역에서 해제되었다면?

그렇다면 반대 상황은 어떨까? 계약 당시에는 조정대상지역이었는데, 자금을 마련하는 도중에 조정대상지역에서 해제되었다면, 그때는 어디에 기준을 두어야 할까? 조정대상지역에서 해제된 상황이라면, 그때는 잔금일이 기준이다. 즉 잔금일이 조정대상지역에서 해제된 날짜보다 늦으면 이 주택 역시 비규제지역 규정을 적용받아 당장 취득세가 중과되지 않고, 언제 매도하더라도 양도소득세 또한 중과되지 않는다. 그러나 조정대상지역일 때 잔금을 치렀다면 해제된 이후에도 취득세와 양도소득세가 중과되며, 1주택자도 2년 이상 실거주해야 양도소득세가 비과세된다.

왜 이렇게 복잡한 것일까?

필자가 최대한 상세하게 설명했지만 여전히 머리가 복잡할 것이다. 그냥 모든 상황을 계약일 또는 잔금일로 통일했다면, 훨씬 간단하고 이해하기도 좋지 않았을까? 그러나 규정을 이렇게 복잡하게 만들어놓은 것은 그럴 만한 이유가 있어서다.

정책은 필요에 따라 얼마든지 시행되기도 하고, 해제되기도 한다. 이는 피할 수 없는 상황이다. 그런데 그 과정에서 뜻하지 않게 피해를 보는 사람이 생길 수도 있다. 조정대상지역으로 지정될 것을 미리 알았다면 계약을 하지 않았을 수도 있고, 도중에 조정대상지역으로 지정되었다고 해서 이미 체결한 계약을 위약금까지 물어가며 되돌릴 수도 없기 때문이다. 따라서 규정이 복잡한 이유는 뜻하지 않게 피해를 보는 사람을 최대한 구제하기 위함이라고 보는 것이 타당하다.

물론 경우의 수를 총동원해도 모든 사람을 구제할 수는 없지만, 되도록 억울한 상황이 발생하지 않도록 정책을 만드는 과정에서 나온 고민의 흔적이라고 이해하기 바란다.

나는 진짜 돈이 되는 역세권 아파트에 투자한다

CHAPTER 5

부동산 세법, 제대로 알아야 수익률이 올라간다

2024년부터 부모 도움으로
집 사기 쉬워진다

2023년 7월에 증여세와 관련된 새로운 정책이 나왔다. 대략적인 내용은 부모 자식 간 증여 시 10년간 5,000만 원까지 증여세를 징수하지 않았던 걸 최대 3억 원까지 늘리겠다는 것이다. 정말 파격적이지 않은가? 정책이란 것이 늘 완벽할 수는 없지만, 전략에 따라 내 집 마련에 아주 유용하게 활용할 수 있다. 반면 오히려 성실 납세자가 손해를 보는 등 맹점도 상당히 많다. 어떤 내용인지 지금부터 구체적으로 살펴보자.

세법 개정안이 나온
배경은?

비록 바로 직전 하락장에서 매매가와 전세가가 단기 급락했다고는 하지만 여전히 수도권 아파트 평균 전세가는 4억 원이 넘고, 1인당 결혼 비용은 평균 5,000만 원이 넘는 등 사실상 결혼 후에 자력으로 자리를 잡는 것이 힘든 상황이다. 새롭게 발표된 정책은 부모의 도움 없이는 내 집 마련을 꿈꿀 수 없는 현실이기에 조금이나마 세금 부담에서 벗어나 부모의 도움을 받아서라도 결혼을 하라는, 일종의 결혼 장려 정책이다.

부모에게 받은 돈은
모두 면제 대상이 되나?

본 정책의 혜택을 받으려면 약간의 조건을 충족해야 한다. 기존에 증여세를 부과하지 않았던 한도인 5,000만 원은 10년간 누적 금액을 의미하며, 이는 변함없이 그대로 유지된다. 여기에 이번에 추가된 공제 한도액 1억 원은 혼인신고 전후 2년, 총 4년 이내에 증여받아야 하며, 양가 1억 5,000만 원씩 총 3억 원에 대해 증여세를 면제받을 수 있다. 시행일은 2024년 1월 1일이므로 2024년 1월 1일에 혼인신고를 했다면, 혼인신고 전 2년, 그러니까 2022년 1월 1일부터 2024년 1월 1일 사이에 증여받은 것은 양가 합산 3억 원에 대해 증여세가 전액 면제

나는 진짜 돈이 되는 역세권 아파트에 투자한다

된다. 즉 부모에게 증여받았다고 해서 모두 면제 대상이 되는 것이 아니라, 정해진 기간 내에 발생한 증여에 대해 최대 3억 원까지만 인정되는 것이다. 여기서 중요한 점은 이미 낸 세금은 돌려받지 못한다는 것이다.

현금만 가능한가?

반드시 현금만 가능한 것이 아니다. 부동산, 주식, 코인 등 모든 종류의 자산이 대상이 된다. 따라서 현금을 받아 부동산을 매수하는 경우 또는 부모가 보유하고 있던 부동산 자체를 증여받은 경우 모두 가능하며, 주식 및 코인도 증여 시점을 기준으로 시가총액 1억 5,000만 원씩 양가 합산 3억 원까지 증여세가 면제된다.

반드시 집을 사는 용도로만 사용해야 하나?

이 정책의 취지는 결혼 후 가장 큰돈이 필요한 신혼집을 마련할 때 세금 걱정 없이 부모의 도움을 받으라는 것이지만, 신혼집을 매수하거나 전세보증금에 보태는 용도가 아니어도 상관없다. 증여받은 돈을 자녀 교육비로 사용해도 되고, 자동차를 구입해도 되고, 그 외 다른 용도로 사용해도 된다. 그렇다면 부동산이나 주식 등 현물로 증여를 받은 경우에는 어떨까? 처분 후 현금화해 다양한 목적으로 사용해도 무방하다.

재혼할 때는 중복 적용이 가능한가?

결론부터 말하면, 재혼도 중복 적용이 된다. 초혼 당시 10년간 5,000만 원을 증여받고, 혼인신고 이후 2년 이내에 양가에서 1억 원씩 총 2억 원을 증여받는데 합의 이혼을 했다고 가정해 보자. 그 후 재혼을 해 다시 혼인신고를 했다면, 그 역시 혼인신고를 한 날로부터 전후 2년간 양가 1억 원씩, 총 2억 원을 증여세 걱정 없이 증여받을 수 있다. 초혼 상대였던 사람과 다시 합치는 경우에도 가능하다. 다만 5,000만 원은 10년간 누적이므로, 증여 후 10년이 추가로 지나야 면제받을 수 있다.

세금을 제대로 낸 사람만 바보?

앞서 언급했듯 제도 자체에는 맹점도 존재한다. 우선 법 시행일 이전 2년 전에 발생한 증여는 소급 적용해주되, 이미 낸 증여세는 환급해주지 않는다는 점이다. 이렇게 되면 증여를 받고도 회피한 사람은 오히려 합법적으로 이득을 보고, 성실히 세금을 낸 사람은 아무런 혜택을

나는 진짜 돈이 되는 역세권 아파트에 투자한다

보지 못하는 결과를 초래한다. 현행법대로라면 양가에서 3억 원을 증여해주면, 각각 5,000만 원을 제외한 나머지 2억 원에 대해 10%의 증여세를 내야 한다. 2,000만 원이면 결코 적은 금액이 아닌데, 오히려 법을 지킨 사람이 손해를 보는 이상한 상황이 발생하는 것이다.

또한 이혼 후에 같은 상대와 합가할 때도 상당한 맹점이 있다. 의도적으로 위장 이혼을 한 후에 다시 합치는 방식으로 증여세를 회피하는 사람이 늘어날 수도 있기 때문이다. 이 부분은 대대적인 보안이 필요하다.

일시적 1가구 2주택 양도소득세 비과세, 실전에 활용하기

일시적 1가구 2주택 양도소득세 비과세 요건은 상급지로 갈아타는 과정에서 투자와 실거주, 2가지 조건을 충족하는 데 매우 실용적인 제도다. 그러나 필자가 현장에서 상담을 해보면, 의외로 이 규정을 실전에 제대로 적용하는 사람이 많지 않다. 생각하지 않았던 세금이 발생하는 상황, 생각 이상으로 많은 세금이 발생하는 상황을 만나지 않으려면 관련 규정을 제대로 알아둘 필요가 있다. 이론은 간단해도 실전에 적용하기가 매우 까다롭기 때문이다.

세무사의 도움을 받는 것도 근본적인 문제를 해결하는 방법이 아니다. 많은 사람이 세무사가 세금 관련 이슈를 모두 해결해줄 것이라고 믿지만, 세무사는 의뢰인이 제시한 조건 내에서만 답을 찾아주고, 신고 대행을 맡기더라도 의뢰인이 전달해준 서류만으로 신고 자체를 대행해줄 뿐이다. 따라서 본인이 기본적인 것을 알고 있어야 적절히 대응할 수 있다. 자, 그럼 지금부터 누구나 겪을 수 있는 상황과 조금 특수한 상황으로 나누어 설명하도록 하겠다.

일반적인 일시적 1가구 2주택 상황

일반적인 일시적 1가구 2주택이라 함은 애초부터 1주택만 보유하고 있었거나 기존 주택을 선 매도하고 보유한 주택 1채만 남은 상황에서 새로 이사 갈 집을 먼저 매수한 상황을 말한다. 편의상 기존 주택을 A, 새로 매수한 주택을 B라고 지칭하도록 하겠다.

이 경우에는 A주택이 양도소득세 비과세 요건을 충족했는지를 가장 먼저 체크해야 한다. 실거주한 집이라면 복잡하게 생각할 것 없다. 2년 이상 거주했다면 충분하다. 하지만 실거주하지 않고 투자 목적으로만 매수했다면 잔금 시점이 중요하다. 조정대상지역일 때 잔금을 모두 치렀다면 조정대상지역에서 해제되더라도 실거주 요건을 충족해야 하므로 반드시 B주택을 매수하기 전에 거주 요건부터 충족해야 한다. 그러나 잔금을 치를 당시에도 조정대상지역이 아니었다면 2년 보유만으로 비과세 요건이 된다.

A주택 양도소득세 비과세 요건이 충족되었다면, 언제든 B주택을

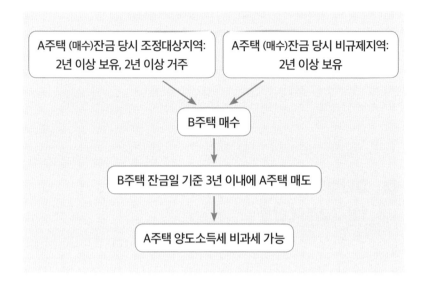

• 일반적인 일시적 1가구 2주택일 경우 •

A주택 (매수)잔금 당시 조정대상지역:
2년 이상 보유, 2년 이상 거주

A주택 (매수)잔금 당시 비규제지역:
2년 이상 보유

↓

B주택 매수

↓

B주택 잔금일 기준 3년 이내에 A주택 매도

↓

A주택 양도소득세 비과세 가능

매수해도 된다. 'A주택 취득 1년 후 B주택을 매수해야 한다'라는 규정을 자동으로 충족했기 때문이다. 조정대상지역과 상관없이 일시적 1가구 2주택 양도소득세 비과세 유예 기간은 3년으로 통일되었기에 주택 잔금을 마무리한 시점부터 3년 이내에만 A주택을 매도하면, A주택에 대해서는 양도소득세가 전면 비과세된다.

 ### 3주택인데 종전 주택의 양도소득세가 비과세된다고?

지금부터는 조금 특수한 상황을 살펴보자. 겉보기에는 3주택이라도

• 3주택 이상일 경우 •

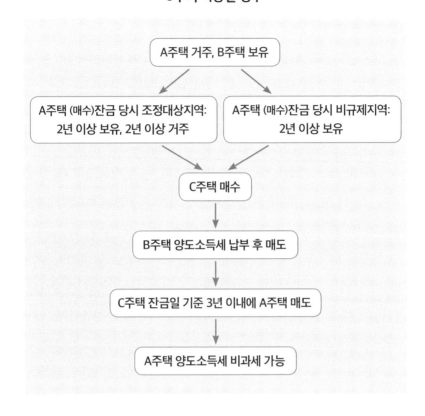

일시적 1가구 2주택 양도소득세 비과세 요건이 적용되는 경우가 있다. 현재 거주하고 있는 집 1채, 투자로 보유하고 있는 집 1채, 즉 2주택 상태에서 이사 갈 집 1채를 더 매수하는 경우다. 이때는 어쨌든 3주택이 되었기 때문에 비과세는 무조건 안 되는 것으로 알고 있는 사람이 많은데, 이 경우에도 언제든지 실거주한 집의 양도소득세 비과세가 가능하다. 편의상 실거주한 주택을 A, 투자로 보유한 주택을 B, 새로 매수할 주택을 C라고 지칭하도록 하겠다.

물론 B주택에 대해서는 양도소득세가 정상적으로 과세된다. 2주택이 된 상태에서 이미 일반적인 일시적 1가구 2주택 유예 기간을 초과했기 때문이다. 그러나 A주택과 B주택을 보유한 상태에서 C주택을 매수하고 잔금까지 모두 치러 3주택이 되었더라도, B주택에 대한 양도소득세를 납부하고 매도하면 앞서 설명한 일반적인 일시적 1가구 2주택 같은 상황을 만들 수 있다.

어떻게 이게 가능할까? 바로 본 제도의 본질 때문이다. 일시적 1가구 2주택 양도소득세 비과세 요건은 현재 보유한 주택 수와 상관없이 최종적으로 남은 2채의 주택 간 상관관계만 따진다.

상황을 보자. B주택을 양도하면서 A주택과 C주택만 남았다. 앞서 필자가 일시적 1가구 2주택은 최종적으로 남은 2채의 주택 간 상관관계만 따진다고 했으므로, 현재 남은 A주택과 C주택의 상관관계만 따지면 된다. A주택이 2년 이상 실거주하면서 이미 비과세 요건을 충족한 상태라면, C주택 잔금을 마무리한 시점을 기준으로 3년 이내에 A주택을 매도하면 A주택은 양도소득세가 전면 비과세된다.

자, 다시 한번 정리해 보도록 하겠다. 일시적 1가구 2주택에 해당하는지를 판단하는 기준은 주택 수가 아니다. 최종적으로 남은 두 주택 간 상관관계만 따져 비과세되는지 판단한다. 상황을 대입하면 복잡하고 머리가 아플 수 있지만, 본질을 이해하면 어렵지 않게 자신의 재산을 지킬 수 있다. 완벽하게 이해하지는 못해도 어느 정도는 알고 세무사를 만나야 이것저것 질문을 하며 많은 것을 얻어낼 수 있다.

일시적 1가구 2주택 양도소득세 비과세, 이사 갈 집이 분양권 상태라면?

세율과 실거주 의무 폐지 등 국회의 벽을 넘어야 할 사항들이 아직 남아 있지만, 서울을 비롯한 전국 대부분의 아파트 분양권을 다시 전매할 수 있게 되었다. 따라서 새로 이사 갈 집이 현재 분양권 상태에서 일시적 1가구 2주택 규정을 활용해 종전 주택의 양도소득세를 내지 않고 효과적으로 갈아타기를 할 수 있을지 관심이 높아지고 있다.

그러나 분양권은 상황에 따라 그때그때 해석이 달라질 수 있다. 그러므로 무엇보다 분양권의 본질을 이해하는 것이 중요하다. 지금부터 그 내용을 자세히 살펴보자.

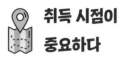

취득 시점이
중요하다

분양권은 언젠가는 실제 주택을 취득할 수 있는 권리로, 엄연히 주택은 아니다. 따라서 양도소득세 비과세 및 중과세 대상인지를 판단할 때는 주택 수에 포함되지 않는 것이 원칙이다. 그러나 2021년 1월 1일 이후에 취득한 분양권은 양도소득세 과세 대상인지를 판단할 때 주택 수에 포함시킨다. 즉 2020년 12월 31일에 취득한 분양권과 2021년 1월 1일에 취득한 분양권은 단 하루 차이이긴 하지만 비과세 요건을 따질 때 큰 변수로 작용하며, 생각보다 엄청난 차이가 있다. 그럼 지금부터 분양권 취득 시점에 따라 어떻게 하면 효과적으로 일시적 1가구 2주택 규정을 적용할 수 있는지 알아보자.

종전 1주택 + 2021년 1월 1일
이전 분양권 취득

사실상 2021년 1월 1일 이전에 취득한 분양권은 준공을 거의 완료하고 실체가 있는 아파트가 되었지만, 여전히 일시적 1가구 2주택 양도소득세 비과세 여지가 남아 있다. 이미 분양권 상태에서 벗어나 실제 아파트가 되었는데, 일시적 1가구 2주택 상황이 성립된다고? 어떻게 이게 가능할까?

앞서 이야기했듯 2020년 12월 31일까지 취득한 분양권은 주택

나는 진짜 돈이 되는 역세권 아파트에 투자한다

수에 포함되지 않는다. 이는 적어도 양도소득세 관점에서는 분양권을 취득해도 똑같은 1주택자라는 의미다. 따라서 종전 주택이 있는 상태에서 반드시 1년 후에 분양권을 취득하지 않아도 된다. 종전 주택 취득 후 다음날 취득해도 아무런 상관이 없다. 더욱이 주택 수에 포함되지 않으니 준공이 되기까지는 일시적 1가구 2주택 비과세 유예 기간에 들어가지 않는다.

종전 1주택이 있는 상태에서 2020년 10월 10일에 분양권을 취득했고, 이 분양권이 2023년 2월 5일에 새 아파트가 되었다고 가정해보자. 이때 이전 보유 기간은 상관없이 준공 날짜인 2023년 2월 5일부터 3년 이내에 종전 주택을 매도하면 종전 주택은 양도소득세가 비과세된다. 분양권 상태일 때부터 거의 6년을 보유하고도 당당히 법의 보호를 받으며 종전 주택에 대한 양도소득세를 한 푼도 내지 않아도 되는 것이다.

현재 거주하고 있는 종전 주택이 앞으로도 충분히 투자가치가 있다고 판단된다면 해당 규정을 활용해 최대한 2주택 상태를 길게 잡아 수익을 극대화할 수 있다.

 ## 종전 1주택 + 2021년 1월 1일 이후 분양권 취득

그렇다면 종전 1주택이 있는 상태에서 분양권을 2021년 1월 1일 이후에 취득한 경우는 어떨까? 2021년 1월 1일 이후에 분양권을 취득하면 취득과 동시에 주택 수에 포함되므로, 준공과 상관없이 분양권을 취득한 날로부터 3년 이내에 종전 주택을 매도해야 종전 주택은 양도소득세가 비과세된다.

물론 종전 주택은 1가구 1주택 양도소득세 비과세 요건을 갖추는 것이 필수이므로, 종전 주택이 있는 상태에서 1년이 지난 후에 분양권을 취득해야 하며, 분양권 취득 후 3년 이내에 종전 주택을 매도해야 한다. 분양권을 취득하기 전에 세대 분리를 철저하게 하는 것도 중요하다.

더욱이 취득 당시에 조정대상지역이었다면, 추가로 2년 이상 거주 조건까지 충족해야 한다. 이 경우의 핵심은 분양권이 새 아파트로 준공되고 난 후 3년 이내가 아니라, 준공과 상관없이 취득 시점부터 3년이라는 점이다. 사실상 현시점 이후에 취득하는 분양권은 취득과 동시에 주택 수에 포함되므로 이 규정을 잘 알아둘 필요가 있다. 청약에 당첨되었거나 미분양 상태에 있는 분양권을 무순위 혹은 선착순으로 잡았다면, 분양계약서를 작성한 날로부터 3년 이내에 종전 주택을 매도해야 양도소득세가 발생하지 않는다.

 **분양권 세금 체계는
어려울 수밖에 없다**

분양권 세금 체계가 어려운 이유는 엄연히 주택은 아니지만, 어떨 때는 주택으로 보기 때문이다. 코에 걸면 코걸이, 귀에 걸면 귀걸이다.

나는 진짜 돈이 되는 역세권 아파트에 투자한다

따라서 자신의 상황을 정확히 파악하고 어떤 규정이 적용되는지 알고 있어야 내지 않아도 될 세금을 내지 않고 최대한 혜택을 누릴 수 있다.

도무지 이해가 되지 않을 때는 전문가의 도움을 받는 것도 현명한 방법이다. 소액의 상담료로 수천, 수억 원의 세금을 절세할 수 있다. 이때 계약서에 도장을 찍기 전에, 즉 실행으로 옮기기 전에 도움을 받아야 경우의 수도 많고 구제받을 확률도 높다는 점을 명심하기 바란다. 계약서에 도장을 찍고 나면 생각보다 할 수 있는 것이 많지 않다.

결혼 전부터 보유한 주택,
어떤 것부터 매도해야
세금을 덜 낼까?

최근 부동산 시장에 발을 들이는 연령층이 점점 낮아지고 있으며, 20~30대도 상당한 비중을 차지하고 있다. 과거에는 오직 신혼집, 즉 결혼을 하면서 직접 거주할 집을 마련하는 것이 일반적이었는데, 지금은 결혼하지 않았어도 재테크로 주택을 보유하고 있는 사람이 많다. 따라서 주택을 1채씩 보유하고 있는 남녀가 만나 결혼을 하면 세금 문제를 신경 쓰지 않을 수 없다. 이번에는 결혼 전부터 각각 주택을 보유했을 때, 어떻게 해야 보다 현명하게 세금을 줄일 수 있는지 알아보도록 하자.

5년 이내에 아무 주택이나 매도하자

결혼을 앞둔 남녀가 각각 주택 1채를 보유하고 있다면 가장 먼저 무엇을 해야 할까? 일단 각각 가지고 있는 주택의 양도소득세 비과세 요건을 충족해야 한다. 매수 당시 조정대상지역이 아니었다면 2년만 보유하면 되고, 조정대상지역이었다면 2년 이상 보유해야 하는 것은 물론 2년 이상 거주까지 해야 한다. 이 상태에서 합가했다면, 둘 중 한 주택을 합가한 날로부터 5년 이내에 매도해야 다른 주택이 있어도 양도소득세가 비과세된다.

그런데 둘 중 하나를 매도하자니 선뜻 결정을 내리기가 쉽지 않다. 그럴 때는 무엇에 기준을 두고 먼저 매도할 주택을 정해야 할까? 딱 2가지만 기억하면 된다. 두 주택 중에서 양도차익이 큰 주택을, 만약 양도차익이 비슷하다면 보유 기간이 짧은 주택을 먼저 매도하는 것이 유리하다. 양도차익이 더 크다면 내야 할 세금의 크기도 클 것이고, 보유 기간이 길수록 장기보유특별공제를 받아 전체적인 세금이 줄어드는 효과가 있기 때문이다.

혼인 합가 기준일은 언제일까?

요즘에는 결혼식을 올린 뒤 혼인신고를 하지 않고 살다가 적절한 시기가 되었을 때 혼인신고를 하는 부부가 많다. 혼인신고 시점에 따라 장단점이 있겠지만, 오직 세금 관점에서만 본다면 혼인신고를 늦게 할수록 유리하다. 그 이유는 혼인 합가 기준일을 혼인신고일로 보기 때문이다.

예를 들어보도록 하겠다. 양도소득세 비과세 요건을 충족한 주택을 1채씩 보유한 남녀가 2022년 1월 1일에 결혼식을 올리고 당일부터 함께 거주하기 시작했다. 그리고 2023년 8월 1일에 혼인신고를 했다. 그들이 가지고 있는 주택 중 하나를 2028년 7월 25일에 매도했다면, 혼인신고일이 혼인 합가 기준일이 되므로, 6년 8개월 가까이 추가로 보유하고도 양도소득세는 비과세된다.

중복 적용도 가능하다

이번에는 남자는 양도소득세 비과세 요건을 갖춘 주택 1채를 보유하고 있고, 여자는 일시적 1가구 2주택 상황에 있는 주택 2채를 보유하고 있어 혼인 합가를 한다면 3주택이 된다고 가정해 보자.

결론부터 말하면, 이 경우에도 혼인 합가 양도소득세 비과세 규정이 적용된다. 여자가 일시적 1가구 2주택 상태에 있던 종전 주택을 비과세 상태로 매도했다면, 남은 각각의 주택에 대해 5년간 혼인 합가 비과세 혜택이 중복 적용된다는 뜻이다. 그러나 만약 둘 다 일시적 1가구 2주택 상태라면, 그때는 일시적 2주택에 대한 특례만 적용받을 수 있고, 남녀가 각각 보유한 남은 1주택은 혼인 합가가 인정되지 않는다. 이 점은 놓치기 쉬우므로 혼인신고를 하기 전에 어느 한쪽의 일시적 1가구 2주택 상태에 있는 종전 주택을 매도하는 것이 좋다.

상속받은 주택, 이렇게 해야
세금을 덜 낼 수 있다

상속을 받아 주택 수가 늘어날 수도 있다. 상속주택이 있다는 것은 내 의사와 상관없이 주택 1채가 더 늘어난다는 의미다. 그런데 1주택이 있는 상태에서 일반 매매를 통해 주택 1채가 늘어나는 것과 상속을 받아 주택 1채가 늘어나는 것은 어떤 차이가 있을까? 일반 매매는 당사자들이 계약 시점, 형태, 조건 등을 언제든지 임의로 정할 수 있다. 즉 세금을 덜 내는 상황을 만들 수 있는 것은 물론, 경우에 따라 멀쩡히 실존하는 주택을 법률상 없는 것으로 만들 수도 있다. 그러나 상속은 그 어떤 조건도 당사자가 임의로 정할 수 없다. 이로 인해 생각보다 많은 차이가 발생한다.

종전 주택의 양도소득세가
비과세되려면?

일반 매매를 통해 2주택자가 되었다면, 종전 주택의 양도소득세 비과세를 위해서는 신규 주택을 매수한 날로부터 3년 이내에 매도해야 혜택을 받을 수 있다. 하지만 1주택이 있는 상태에서 주택 1채를 상속받았다면, 종전 주택이 양도소득세 비과세 요건을 이미 충족했다는 가정하에 상속받은 주택은 없는 것으로 본다. 이때 기간 제한이 없다는 것이 핵심이다. 즉 1주택자가 상속주택으로 2주택자가 되었다면, 10년 후에 매도하든, 20년 후에 매도하든, 종전 주택의 양도소득세는 언제든 비과세된다. 만약 종전 주택이 투자 가치가 남아 있는 상태라면, 기간 제한 없이 두 주택 모두 장기 보유할 수 있다.

 ## 무주택 상태에서
주택을 상속받으면?

그런데 상속받을 당시 무주택 상태였다면 어떻게 될까? 무주택 상태에서 주택 1채를 상속받았고, 그 후에 주택 1채를 매수해 2주택자가 되었다면, 상속 이후에 취득한 주택은 비과세 대상이 되지 않는다. 그 이유는 상속이라는 상황 자체가 인위적으로 조절할 수 없기에 뜻하지 않은 피해를 볼 수 있기 때문이다. 만약 이미 주택을 보유하고 있는데 상속주택을 유주택으로 간주한다면, 본인이 원해서 상속을 받은 것도 아닌데 내지 않아도 될 세금을 내야 하는 상황이 발생할 수 있다. 이런 상황을 구제하기 위함이다.

그러나 상속을 받은 상태에서 주택을 추가 매수하는 것은 얼마든지 인위적으로 조절 가능한 상황이다. 제도를 악용할 여지가 있으므로, 순서가 바뀐다면 신규 매수한 주택은 양도소득세 비과세 혜택을 볼 수 없다.

 ## 종전 주택을 팔고 싶지 않다면?

그런데 종전 주택이 상속받은 주택보다 입지와 미래가치가 훨씬 뛰어나 팔고 싶지 않을 수도 있을 것이다. 이럴 때는 어떻게 해야 할까? 예를 들면 종전 주택은 서울에 있는 입지가 좋은 아파트이고, 상속받은 주택은 시골에 있는 농가 주택이라면 누가 보더라도 서울 아파트를 지키는 것이 합리적이다.

우리나라 인구의 수도권 집중화가 심화될수록, 도시인의 귀농 현상이 보편화될수록 자식은 도시에, 부모는 지방에 거주하는 형태가 많아질 것이다. 따라서 수도권과 지방, 대도시와 농어촌 간 집값 차이는 더욱 커질 것이고, 누구나 당사자가 될 수 있다.

이런 경우에는 상속개시일로부터(상속해준 사람의 사망일) 6개월 이내에 상속주택을 처분하는 것이 좋다. 상속주택을 6개월 이내에 매도하면 양도가액과 취득가액을 같은 것으로 간주하기 때문이다. 즉

나는 진짜 돈이 되는 역세권 아파트에 투자한다

산 가격과 판 가격이 같으니 팔아서 남는 게 없고, 수익이 없으니 세금 자체가 발생할 여지가 없다고 보는 것이다. 물론 이 경우는 엄연히 비과세 상황이 아니므로, 세금을 내지 않더라도 신고는 반드시 해야 한다.

에필로그

세상의 흐름을 따라가고 싶다면
부동산에 투자하라

투자와 투기, 이 둘의 차이가 무엇이라고 생각하는가? 부동산학에서
는 투자와 투기를 실거주하는지에 따라 구분한다. 즉 거주할 계획이
없는 집을 보유하는 것을 모두 투기라고 본다. 이에 따르면 우리나라
국민 모두 주택을 1채만 보유해야 하며, 2주택자부터는 모두 투기꾼
이다. 그런데 이것이 현실성 있는 정의일까?

　누군가는 반드시 임차로 살아야 하는 이유가 있다. 가정 형편이
어려워서일 수도 있고, 직장 때문에 가족과 떨어져 살아야 할 수도 있

다. 시장에는 반드시 임대주택이 필요한데, 공공기관은 단 한 번도 필요한 만큼의 임대주택을 공급하지 않았다. 더욱이 공공기관이 임대주택을 공급한다 하더라도, 민간 임대주택의 품질을 따라가지 못한다. 임차인들 역시 임대료를 더 내더라도 품질이 좋은 민간 임대주택을 선호한다. 이것이 바로 민간 임대주택이 사라지지 않는 이유다.

이제 매매 시장을 보자. 우리나라 국토의 70% 이상은 주택을 지을 수 없는 산지다. 나머지 30%마저 도시와 시골로 구분되고, 도시도 수도권과 지방으로 구분된다. 서울 및 수도권에 집을 지을 수 있는 땅은 국토 전체의 5% 남짓인데, 이 공간에 우리나라 인구 약 40%가 모여 산다. 그리고 수도권 인구의 80% 이상이 서울 및 경기도 주요 지역에 산다. 이처럼 지극히 좁은 땅에 많은 인구가 살려고 하니 집값이 어떻게 되겠는가? 부동산 경기에 따라 집값이 오르내리고 있지만, 장기적으로는 우상향할 수밖에 없다.

우리나라는 전세든, 월세든 시장에 민간 임대주택이 존재할 수밖에 없고, 집값 역시 꾸준히 오를 수밖에 없다. 서울 및 수도권 주요 지역은 수요가 꾸준하며, 집값은 늘 비싸다. 과거에도 비쌌고, 지금도 비싸며, 미래에도 비쌀 것이다. 평균 소득 대비 집값이 너무 높은 것은 결코 바람직한 현상이 아니다. 이런 구조는 여러 가지 사회 문제를 낳고, 이런 상황을 두고 누군가는 비판의 목소리를 낸다.

그러나 필자는 자신이 세상을 바꿀 정도의 힘을 가지고 있는 것이 아니라면, 불평을 늘어놓을 시간에 세상의 흐름에 맞게 살아갈 방법을 고민하는 것이 더욱 현명하다고 생각한다. 비록 부동산학에서는 실거주할 계획이 없는 주택을 투기라고 정의하지만, 필자는 실거주하지 않더라도 법의 테두리 안에서 나의 행위로 누군가가 피해를 보지 않는다면 그것은 '투자'라고 정의 내리고 싶다.

최근 부동산 시장 흐름과 특징을 이해하고, 앞으로 집값이 오를 지역 중에서 자신의 자금 상황에 딱 맞는 부동산을 찾는다면 얼마든지 자산을 불릴 수 있다. 당장 가진 것이 없다고 해서, 나이가 많다고 해서, 소득이 적다고 해서 문제될 것은 하나도 없다. 지금부터 시작하면 된다. 필자 역시 부동산 투자를 처음 시작할 때 가진 것 하나 없는, 아니 빚만 잔뜩 있는 집안의 외동아들이었다. 현실을 이해하고 부동산 시장 흐름을 따라갈 수 있어야 한다. 비록 이 책이 독자 여러분의 모든 어려움을 해결해줄 수는 없겠지만, 세상의 흐름을 따라갈 수 있는 길잡이 역할을 할 수 있길 바란다.

나는 진짜 돈이 되는 역세권 아파트에 투자한다

초판 1쇄 발행 2024년 4월 3일

지은이 박희용(부동산히어로)
브랜드 경이로움
출판 총괄 안대현
책임편집 정은솔
편집 김효주, 이제호
마케팅 김윤성
표지디자인 김지혜
본문디자인 윤지은

발행인 김의현
발행처 (주)사이다경제
출판등록 제2021-000224호(2021년 7월 8일)
주소 서울특별시 강남구 테헤란로33길 13-3, 7층(역삼동)
홈페이지 cidermics.com
이메일 gyeongiloumbooks@gmail.com(출간 문의)
전화 02-2088-1804 **팩스** 02-2088-5813
종이 다올페이퍼 **인쇄** 재영피앤비
ISBN 979-11-92445-68-7 (03320)